好風水不求人

風水的常識與應用

住家和室內裝修、公司和辦公室好風水參考手冊

風水學是一門研究人類與環境關係的綜合學問，
是人類生存的方法論和世界觀。

本書在研究了眾多經典古籍的基礎之上，
密切結合實際，介紹和剖析了傳統風水大師的眾多理念，
以期科學、正確地引導讀者，合理地採納風水的觀念，
科學地選擇、佈置住宅和公司、辦公室。

杜大寧 編著

「風水」是貫穿中華民族歷史長河的優秀
傳統文化。《周易》中：巽為風，坎為水。
看來，風水一詞是從八卦中衍生出來的，而
且與八卦息息相關。在古代，風水又叫「堪
輿」、「地理」；在現代，有人稱其為「宇
宙磁場與人類關係學」等等。

　　「風水」一詞，包含著先人在進行營建活動時，所形成的樸
素宇宙觀、自然觀、環境觀。講究自然界的風、水和傳統哲學的
「氣」、「陰陽」等其他要素相結合。其中「氣」在風水中最為
重要，氣有精氣、元氣、生氣等，用無形中的氣分析有形的環
境，同時也體現有形的環境範圍。能藏住氣的地方才能進行建築
活動，才能使內氣、外氣兩旺，而且還要互相平和，才能使「宅
吉人安」。風水觀念中貫穿的極為強烈的避凶趨吉的環境意識，
包含著古人對環境心理極強烈的追求。

　　風水的理論基本取向，特別關注於人與環境的關係，這與傳
統的「天人合一」宇宙觀是基本一致的，風水強調人與自然和

諧，主張「人之屬處，宜以大地，山河為主」。即是說，人要順應「天道」，以自然為本。人類只有選擇合適的自然環境，才有利把大地本身看成一個富有靈性的有機體，各部分之間彼此關聯，相互協調，這既是風水思想的核心，也是東方傳統哲學的精華。

風水學是一門研究人類與環境關係的綜合學問，是人類生存的方法論和世界觀。

在民間，「風水」非常神秘，甚至帶有非常濃厚的「迷信」色彩，有人甚至假借風水大師的名義招搖過市，騙取錢財。之所以有人屢屢上當，就是因為不瞭解風水的基本知識。

《風水的常識與應用》一書，在研究了眾多經典古籍的基礎之上，密切聯繫實際，介紹和剖析了傳統風水大師的眾多理念，以期科學、正確地引導讀者，合理採納風水的觀念，科學地選擇、佈置住宅和公司、辦公室。

本書中的觀點僅供大家瞭解、研究和參考，其中有些尚無科學的解釋，有些觀點沒有足夠的證據，有些觀點值得商榷，有些說法抄錄下來，只為大家開闊眼界，凡此種種，尚希讀者明鑒。

最後還要強調的是：在某些情況下，也許儘管經過了必要的努力，我們仍然不能改變環境，這時，我們就要保持良好的心態和愉快的心情。請記住：外因通過內因來起作用！甚至有些成功學大師提出：不管你覺得自己是否是幸運的，你都是正確的！

風水的基本常識

住宅的選擇

室內的佈局和裝修、佈置

1. 臥室

12. 栽花種樹利化風水

13. 怎樣在居家中養狗才興旺

公司和辦公室的風水

超越風水的束縛，
邁向更開闊的人生

風水的基本常識

「風水學」中所蘊涵的科學道理

常言道：地靈人傑。由此可見，「風水」對人們非常重要。「風水」是貫穿中華民族歷史長河的一種傳統文化。《易經》中：巽為風，坎為水。看來，風水一詞是從八卦中衍生出來的，而且與八卦息息相關。在古代，風水又叫「堪輿」、「地理」；在現代，有人稱其為「宇宙磁場與人類關係學」等等。

簡言之，「風水學」是一門研究人類與環境關係的綜合學問，是人類生存的方法論和世界觀。它包括「陽宅風水」和「陰宅風水」。某些專家直言不諱地說：「風水是一門嚴謹的科學」，因為它有經過五千年實踐檢驗的文明史，有科學而龐大的理論體系，有一套嚴密的操作程式，有毋庸置疑的神奇功能。

就「陽宅風水」來講，它研究的內容大致包括：住宅方位、採光通風、溫度濕度、衛生狀況、安全防範、社會因素、如何使用等等。

傳統的「風水學」中有沒有合理的東西呢？從風水學產生的背景看它，與我國以農立國的宗旨有關，與早期農業生產及水利建設的實踐有關係。在村落、城鎮、宅地、周圍環境的選擇上，古人十分重視背山面水，這樣不但生活方便，而且環境優雅。背山面水之處的土地最為肥美，有利於農業耕作。再看一些具體的風水要求，其中蘊涵著一定的科學道理。

比如，風水學認為住宅不宜建在草木不生處，其道理就在於

土地貧瘠而沒有生氣。不宜住在大城門口或面對監獄衙門，是因這裏的環境會破壞心理上的寧靜。還有「糞屋對門，癰癤長存」、「天井積水易染疫，窗戶漏風宜避忌」等，完全符合現代醫學的觀點。

對於房屋的佈局，風水學裏有這樣的說法：「前低後高，世出英豪。」這樣除看起來壯觀外，前後屋都能普遍獲得陽光的充分照射。人在這樣的環境裏，有利於身心健康。反之：「前高後低，長幼昏迷。」前屋陽光充盈，後屋則陰暗寒濕，肯定對人健康不利。這種結構主要指坐北朝南之宅。因為古代人少地多，房屋宅向選擇的餘地大。關於植物與住宅的關係，風水學認為，住宅門前和庭院內不宜有大樹。用現代科學觀點解釋，是因為大樹會擋住陽光，阻礙空氣流通，雷雨天易招雷擊，樹上棲息的鳥會落下鳥糞污染環境，潮濕的樹蔭下易生蚊子。清代風水專家高貝南認為：「欲求住宅有數世之安，須東種桃柳，西種青榆，南種梅棗，北種奈杏。」這種說法符合植物學中樹種的生理特性。因桃、柳喜溫向陽，

故宜栽宅之東；而梅、棗樹樹幹不大，因此宜種於宅之南。杏樹不喜陽光，故宜種宅之北。看來風水學是很重視綠化工作的。

　　風水學與其他術數一樣，源遠流長，在漫長的歲月流逝中形成了理法和形法兩大類。而在理法、形法兩大術數中又各有多種流源，它們之間又難截然分開，而是有機地聯繫看，互為補用。

　　數千年來，風水學得以廣傳而不衰，保持著旺盛的生命力，是因為它能告訴人們：天地人合一，人在天地中如何選擇最佳的生存、生活環境；因地、因時、因人的建築居住、生活、工作、學習的最佳建築物，使人們趨吉避凶，更好地生存、生活、學習、工作、交際、繁衍後代。所以人們又稱風水學為相地學。

　　風水學產生於民間，植根於民間，所以，在民間人們大多知道風水對人們的運程、生活、經濟、工作、學習、健康、壽命的吉凶有很大影響。

◉風水學的發展簡史

　　據史書記載，早在秦始皇以前就有了相宅活動，一方面是相活人居所，一方面是相死人墓地。先秦的賢君盤庚、周公在相地實踐中都作過貢獻。先秦相宅沒有什麼禁忌，還發展成一種術數，也沒有那麼多迷信色彩。漢代是一個充斥禁忌的時代，方位、上墳等各種禁忌，墓上裝飾有避邪用的石人、石獸、鎮墓文。魏晉時期產生了管輅、諸葛亮、郭璞這樣的宗師。管輅是三國時的平原術士，占墓有驗而聞名天下，現在流傳的《管氏地理指蒙》就是託名於管輅而作。

　　南朝宋明帝是個最講忌諱的皇帝。宮內搬床、修牆，必先祭神祈禱。他聽說蕭道成的祖墓有五色雲氣，就暗中派人在墳四角釘上鐵釘。

　　南齊時，衡陽地方有一怪俗，山民生病，就是先人為禍，必須挖祖墳、洗屍身，洗骨除病。

　　隋朝宰相楊恭仁移祖墳時，請了五批風水師前往相地；唐朝時，一般有文化的人都懂得風水；宋時老百姓普遍講究風水，《朱子家禮》說，百姓家裏死了人，三月而葬，先把地形選好，再擇日開塋。

　　綜觀歷史，先秦是風水學說的孕育時期，宋代是盛行的時期，明代是氾濫時期。近年來，隨著國際上對風水的重視以及它的適用性，使風水這門古老的學科煥發出新的活力。

❷風水和《周易》的密切關係

《周易》是中國最古老的經典之一，歷來被尊為六經之首。其易道博大精深，源遠流長，對於中華民族的各個領域，包括建築文化在內，都有深遠影響。

易學對中國建築的影響，往往是以中國古代特有的風水理論為仲介。

源於「葬地」、「卜宅」的風水理論，既是古代先民在長期社會實踐中對生活經驗的總結，也是人們對於複雜現象認識之歷史局限性的記錄。由於極為複雜的社會原因，其中有些神秘性的猜測和斷言一直流傳下來，並在民間相繼建立起了建築學專業，基本上都是以西方建築教育為主要內容的；風水理論，一向難登大雅之堂，甚至是被一些江湖術士作為騙取錢財的手段。因而其內容魚龍混雜，其價值鮮為人知。正如許多人一提到《周易》只知道與占卦算命有關，而不瞭解其真正的價值一樣，許多人一談到「風水」，除了認為是一種迷信之外就再無下文了。這使得迷信風水者，仍然是盲目信仰；批評「風水」者，也就非常省力了。在這種情況下，如何用科學的態度和方法，對風水理論進行具體考察、分析，就成為新的課題。

《周易》乾卦九五爻辭云：「飛龍在天，利見大人。」這是象徵帝王大吉大利之爻辭，所以中國古代帝王被稱為「九五之尊」。在中國古代建築藝術中，有關於「九五之尊」藝術主體的

表現。北京天壇圜丘共三層，其中第一層經為九丈，以全一九之數；第二層經為十五丈，以全三之數；第三層經為二十一丈，以全三七之數。一、三、五、七、九都是《周易》所推崇的奇數、陽數。天壇圜丘第三層之和，為9＋15＋21＝45，45＝9×5。這九乘五，成為「九五之尊」，是中國古建築文化藝術中的象徵。

北京天壇圜丘象徵天道以及人對天的崇信。圜丘呈圓形，共為三層。第一層的中心砌的石料為扇面形，其數為「九」，這是第一圈，以後逐圈擴展，所用石料都是「九」與「九」的倍數。第一層一共鋪砌石料九圈，形成了一個「九」與「九」的基數，

以「九」為基數，逐層增加序列。即：9、18、27、36、45、54、63、72、81；第二層以此類推，為：90、99、108、117、126、135、144、153、162；第三層為：171、180、198、207、216、225、243、252、261。共27圈，所用石料數非常體現出崇「九」這種建築文化主題，其原型是《周易》的數「九」。這也是風水學的奧秘。

北京頤和園有一座十七孔橋，人們讚美其造型。但在這十七孔的造型中，也包含著對「九」的崇信，因為你無論從橋的哪一端數起，其中最大的一孔都是第「九」孔。

僅僅從這方面，就不難看出風水學與《周易》之間的密切關係。

⭐傳統的風水學流派

古之風水分理氣派和形勢派兩大派系。形勢派又可分為：巒頭派、形象派和形法派；理氣派又可分為：八宅派、命理派、三合派、翻卦派、飛星派、五行派、玄空、八卦派、九星飛泊派、奇門派、陽宅三要派、二十四山頭派、星宿派和金鎖玉關派等等。

(1) 形勢派

一提起形勢派，人們就會想到以形勢論吉凶的風水祖師管輅和郭璞。形勢派偏重地理形勢，主要是以龍、砂、水、穴、向來論吉凶。形勢派雖然分巒頭派、形象派、形法派這三個小門派，但實際上這三個小門派是互相關聯的，並沒有完全分離。

① 巒頭派。巒頭表示自然界的山川形勢，自然地理的巒頭包括龍、砂、山。龍是指遠處伸展而來的山脈；砂，是指穴場四周360度範圍之內的山丘；山，是指穴場外遠處的山峰。

② 形象派。形象實際上是風水中一門高深的學問，因為它是把山的形勢生動地看做某一種動物或其他物體。例如某個山的形狀像一隻獅子。有關形象的名稱很多，如美女照鏡、七星伴月等不勝枚舉。

③ 形法派。形法指的是在形象派的基礎上，展開的巒頭中的

一些法則，主要是論述形象與穴場配合的法則。例如有一條道路與穴場對沖，在形法派中稱為「一箭穿心」。

總之看形象的，離不開山體（巒頭）；看山體的，也脫離不了形象和形法。在很多山勢高崇的地方，由於其山勢影響大，很多風水師都重視山體形象與巒頭。

⑵ 理氣派

由於理氣派將陰陽五行、八卦、河圖、洛書、星象、神煞、納音、奇門、六壬等，幾乎所有五術的理論觀點都納入其立論原理，形成了十分複雜的風水學說。正因為理氣派過於繁雜，才分出許多小的門派。

① 八宅派。八宅派綜合起來只有兩點：一是將坐山配遊星論吉凶。所謂遊星就是：伏位、天醫、生氣、延年四吉星和五鬼、絕命、禍害、六煞四凶星。以此八星根據住宅的八卦山起伏位，分別將此遊星配在先天八卦方位，配吉則吉，配凶則凶。二是根據住宅八卦坐山，分為東四宅與西四宅，然後與人命結合，即東四命配東四宅，西四命配西四宅而論吉凶。一般來說，八宅派計算命卦都是以年支為準。換句話說，在同一年出生的人，如果性別相同，他們的命卦都是相同的，對他們的風水佈局也是相同的。那麼一年之中出生有幾百萬人，按照八宅派風水觀點來論，他們都在一個共同點上。因此，八宅派的風水理論過於簡單

粗略。希望讀者謹慎分析。但以遊星論吉凶，在放門路或在室內佈局與玄空飛星配合起來才有參考價值。

② 命理派。以宅主命卦中的五行宜忌，配合二十四山方位的五行及玄空飛星進行風水佈局，配合裝飾顏色等，對各類陽宅的室內裝潢以及風水調整具有很大的指導作用。

③ 三合派與二十四山頭派。以山水為主，將二十四山與住宅配山論生克關係，所謂住宅山，實際上是指住宅在羅盤上的五行，與宅外山峰或各個建築物之間構成的五行生克關係。配水則以十二長生位來論吉凶。十二長生就是命理學中長生、沐浴、冠帶、臨官、帝旺、衰、病、死、墓、絕、胎、養。一般都以向上配水和水的來去論吉凶，主要

是用於陰宅。但在三合派中向上配水與十二長生存在陰陽混雜之象，運用起來往往會有偏差。所以筆者提醒學風水的易友，以十二長生論水的來去之吉凶，不可全用，一定要分辨陰陽，配盡陰盡陽為善。

④ 翻卦派。以八卦翻出九星卦為主，然後再配合山水

以論吉凶。翻卦派有幾種翻法，如輔星翻卦，又名黃石公
翻卦法，它是根據納甲起以貪狼、巨門、祿存、文曲、廉
貞、武曲、破軍、左輔、右弼九星來推斷吉凶。

⑤星宿派。星宿派指的是二十八宿，如亢金龍、氏土貉、房
日兔、心月狐、尾火虎等，分別代表五行屬還有奇門派、
五行派、玄空以及金鎖玉觀派和紫微大數派等等。

　　有關風水派別，嚴格地說起來就是形勢派和理氣派。它們的
理論也是彼此滲透、互相融通的，這正是萬法歸宗之意。

　　由於風水學門派繁多，有用和無用駁雜其中，學習者一定要
去偽存真，去粗取精，不要走入風水學的誤區。

❷常用的風水學名詞

(1) 風水

綜合認為，風水是從古代沿襲至今的一種文化現象，一種擇吉避凶的術數，一種廣泛流傳的民俗，一種有關環境與人的學問，一種理論與實踐的綜合體。風水可分為陽宅和陰宅兩大部分，陽宅是活人的居住活動場所，陰宅是死人的墓穴。風水理論有形勢派和理氣派之分，前者重在以山川形勢論吉凶，後者重在以陰陽、卦理論吉凶。風水的核心是「生氣」。它的概念十分的複雜，涉及龍脈、明堂、穴位、河流、方向等。它有許多禁忌，對時間、方位、地點都有講究。

(2) 氣

氣，在古代是一個很抽象的概念。唯物論者認為它是構成世界基本的元素，唯心論者認為它是客觀精神的派生物。先哲普遍認為，氣無處不存在，氣構成萬物，氣不斷運動變化。《老子》云：「萬物負陰而抱陽，沖氣以為和。」宋張載在《正蒙・太和》云：「太虛無形，氣之本體，其聚其散，變化之客形爾。」

氣，在風水學中是一個很普遍、很重要的概念。有生氣、死氣、陽氣、陰氣、土氣、地氣、乘氣、聚氣、納氣、氣脈、氣母等。氣是萬物之源，氣變化無窮，氣決定人的禍福。人要避死氣、乘生氣，就得請風水師「理氣」。「理氣」是十分複雜的，

要結合陰陽五行，實地考得「旺象」，才能得到「生氣」，有了「生氣」就能富貴。因此，風水學實際是「相氣術」。

風水學以氣為萬物本源，認為世界是從無（未見氣）到有（氣之始），氣是基本（一），它分化出陰陽（兩儀），又分出金、木、水、火、土五種物質（五行），這些物質的盛衰消長都有不可改變的規律（有度而不渝），並且有了禍福，這些禍福都是可以預測的。

風水學家對氣的總的看法：生氣是一元運化之氣，在天則周流六虛，在地則發生萬物。天無此則氣無以資地，地無此則形無以載。生氣藏於地中，人不可見，唯循地之理以求之。葬者若能知其所在，使枯骨得以乘之，則能得福。不論是陰宅還是陽宅，都要注意乘生氣、避死氣。

⑶ 龍

古代「風水術」首推「地理五訣」。哪五訣？就是龍、砂、水、穴、向。相應的活動是「覓龍、察砂、觀水、點穴、立向」。

什麼是龍呢？龍就是山的脈絡，土是龍的肉、石是龍的骨、草木是龍的毛髮。

尋龍首先應該先尋祖宗父母山脈，審氣脈別生氣，分陰陽。所謂祖宗山，就是山脈的出處，群山起源之處，父母山就是山脈的入首處，審氣脈即指審視山脈是否曲伏有致，山脈分脊合脊是否有輪暈，有輪有暈為吉，否則為凶。還有尋龍需分九勢，八種龍勢中有：回龍、出洋龍、降龍、生龍、巨龍、針龍、騰龍、領群龍。來龍就要山勢曲折婉轉，奔馳遠赴。

判斷山形還有五星說、九星說等。五星就是金、木、水、火、土。九星就是貪狼、巨門、祿存、文曲、廉貞、曲武、破軍、左輔、右弼。

(4) 龍脈

脈，本義是血管，《素問·脈要精微論》云：「夫脈者，血之府包。」引申為事物的連貫性。《國語·周上》云：「農祥晨正，日月底於天廟，土乃脈發。」指土壤開凍，如人身脈動。先民很早就習慣稱山川之間的聯繫為脈。後人常喻地勢有條理和聯繫。

山川綿延起伏，如龍伏、龍舞、龍騰、龍飛。所以，風水先生稱山川為龍脈，我國有三分之二的地帶都是山川；這樣，處處都有龍脈。

(5) 水

什麼是水呢？伴隨山脈而行的河流便是水，「水隨山行，山

界水而止」。觀水首要一條是觀水口，水口本身有水流入之處和水流出之處，前者要開敞，後者要封閉。接下來便是觀察水的具體形態，要求「方圓平正」。

⑹ 水口

　　水口是相地的重要內容。所謂水口，就是在某一地區水流進或水流出的地方，一般指出水口。凡水來之處謂之天門，若一來不見源流謂之天門開。水去處謂之地戶，不見水去謂之地戶閉。源宜朝抱有情，不宜直射關閉。去口宜關閉緊密，最怕直去無收。水流去處的兩岸之山，稱為水口砂。水口若無砂，則水勢直奔而出。砂要周密交結，狹塞高拱、犬牙相錯、群鵝相攢、高峰兀立、異石挺拔。其形如印笏、禽獸、龜蛇、旗鼓。其勢如猛將當關、衛士護駕、車馬盈塞、劍戟林立。凡重疊不計其數、迂迴至數十里，有羅星、華表、捍門、北表、關砂排列的，屬於水口砂的貴格。

　　為什麼說這樣的水口砂為貴格呢?這是以山水喻人情。山水情意顧內、橫截逆轉，猶如人步步回頭，戀戀不捨。山水層疊集聚，猶如人團團朝拱、簇簇擁擁。從生活需要看，四周的水越多，資源越豐富。所以風水先生說：水主財，門開則財來，戶閉則財用不竭。

　　水口的範圍有大有小。從水入至水出，水所流經的地區即是水口的範圍。水口範圍與富貴成正比例。水口包容的地面越大，

所能承受的容積越大，造福的涵蓋面越大。水口的概念是相對的，大水口內有小水口，許多小水口的面積構成大水口面積。每村有村裏的水口，每縣有縣裏的水口，每省有省裏的水口。

(7) 穴

　　穴分為陰穴、陽穴，陽穴是指住宅所立地基。陰穴則是死者墓地。

　　穴，本義是土室。穴又有孔洞、巢穴、擴穴、針灸部位等義。風水先生把穴作為死者的葬地或生者的住所。也就是說，穴是指具體基址，是一個選定了的範圍較大的區域中的一個點。點穴也就是指定建築基址。

　　風水先生認為穴是天造地設，既有生存之龍，必有生成之穴。怎樣的穴才好呢？首先是要龍真。看地重在擇穴，擇穴重在審龍。龍真必結穴。其次看龍虎明堂、羅城水口，要威風排場。凡山水向是為真，山水背是為假；風藏水逆氣聚是生，風飄水蕩氣散是死。龍逆水方成龍，穴得水在砂逆。

　　風水先生認為點穴是一件很難的事。三年尋龍，十年點穴。穴場大者不過數十丈，點穴是相地術中最關鍵一環，看過龍脈和明堂後就要點穴，穴點錯了則一切枉然。

　　風水先生點穴，認為絲毫不能勉強。不能左，也不能右，差之毫釐，謬以千里，福必成禍。

(8) 砂

砂，穴四周的山。風水觀念認為：山厚人肥，山瘦人饑；山清人貴，山破人悲；山歸人聚，山走人離；山長人勇，山縮人低；山明人達，山暗人迷；山順人孝，山逆人嘶。山形變化不定，有左觀方者而右觀圓者，高視而正，低視而偏，正視而醜，側視而美。要使山形變化，關鍵在點穴。穴點得好，就能使遠山變近，高山變低，惡山變秀，醜山變美，去山回還，斜山端正。砂形之情態萬殊，咫尺之移頗異。砂水相連，砂關水，水關砂。抱穴之砂關元辰水，龍虎之砂關懷中水，近案之砂關中堂水，外朝之砂關外龍水。穴前兩邊是侍砂，能遮惡風。從龍抱擁的是衛砂，外禦凹風，內增氣勢。繞抱穴前的是迎砂，面前兀立的是朝砂。水左來，砂右轉。水右來，砂左轉。

風水還講究砂的宏觀佈局，凡穴四周都有富貴之砂，主吉。砂的排列要層層疊疊，前後有序，一律內傾，似有情之意。砂腳有潺潺流水，環繞緩流，就是好砂。

(9) 朝和案

朝和案都是山。離穴近而小的稱案，高而大者稱朝。案，如人據案之義。朝，如賓主抗禮之義。

為什麼風水先生要講究朝案呢?他們認為，有近案則穴前收拾周密，無明堂太曠、氣不融聚之患；有遠朝則有配對，有證應，無逼仄窒塞之弊。

(10) 堪輿

堪，地突之意，代表「地形」之詞；輿，「承輿」即為研究地形、地貌之意，著重在地貌的描述。《史記》將堪輿家與五行家並行，本有仰觀天象，並俯察山川水利之意，後世以之專稱看風水的人曰「堪輿家」，故「堪輿」民間亦呼之為「風水」。然或有稱「堪輿」不只看風水而已，而應分五部分，曰：羅羅、日課、玄空學、葬法及形家。

(11) 地理

堪輿或稱風水或地理。《易‧繫辭上》有云：「仰以觀於天文，俯以察於地理。」但所謂地理並不同於外方之地理學。西方人沙利曾為中國所謂地理下過定義說：「此系使生者與死者之所處與宇宙息中的地氣，取得和合之藝術也。」然以「地理」代稱「堪輿」實有以偏概全之流弊，而忽略天星與堪輿之密切關係。

(12) 命卦

八宅派將人命分為東四命與西四命，稱之為「命卦」。命卦演算法，現代已有簡易數學公式：

A.男性：

求出西元年各數字相加，除以9之餘數R。

求11－R所得之差數X。

B.女性：

求出西元年各數字相加，除以9之餘數R。

求4＋R之總和Y（如4＋R＞9，則減去9）。

如X或Y＝1或9或3或4者，則為東四命；如X或Y＝6或2或8或7者，則為西四命；如X＝5則視為X＝2；如Y＝5則視為Y＝8。

⒀ 十凶地

有風水家將十種不利陰、陽宅的風水選擇，歸類為十凶地，即：

天敗——犯之子孫流離。

天殺——犯之子孫愁困。

天窮——犯之子孫孤獨。

天沖——犯之子孫遊手。

天傾——犯之敗帛星散。

天濕——犯之疾病纏綿。

天獄——犯之子孫愚頑。

天狗——犯之子孫惡逆。

天魔——犯之子孫貧賤。

天枯——犯之子孫夭絕。

⒁ 煞

在玄學風水上，認為不良的稱之為「煞」。生活中常見的煞有:

反光煞：凡因陽光、水面、玻璃的反射而被照射則稱為反光煞。

割腳煞：在市中心很少見，是大廈接近水面，水貼近房屋。

鐮刀煞：凡是彎形的天橋或帶彎形的平路都稱為鐮刀煞。

孤峰煞：所謂「一樓獨高人孤傲」，是指一座樓宇的前後左右都沒有靠山或大廈。

槍煞：這是一種無形的氣，所謂「一條直路一條槍」，即是家中大門正對有一條直長的走廊，便是犯槍煞，以本身為中心點，見有直路或者河流等向著自己衝來也是。

白虎煞：即風水師所說「左青龍，右白虎」中的白虎，指房屋右方有動土的現象。

天斬煞：兩座大廈靠得很近，致使兩座大廈中間形成一道相當狹窄的空隙，遠望去就彷彿大廈被從天而降的利斧所破，一分為二似的。

穿心煞：一些樓房下建了地下鐵路或隧道，從樓下通過，便主犯穿心煞。

廉貞煞：一般風水注重背後有靠，但如果所靠之山並非名山，而是怪石嶙峋、寸草不生的窮山，風水學上則

稱之為廉貞煞。

天橋煞：一條自高而下的天橋常有彎斜的去勢，天橋為虛水，斜去而水走。

開口煞：當你打開自己的大門時，見到升降機門的開闔，好像老虎嘴一樣。

沖煞：從風水觀點來論，居住在五樓以下的，比較容易犯沖煞，因為居所多被燈柱、樹木所擋。

(15) 陰陽

我們都知道，天與地，日與夜，光與暗，正與負，陰與陽等等，它們之間都有著完全相反，但又有著相互聯繫的關係。《易經》云：「天地交感，而萬物化生。」則指陰陽二氣，掌管著萬物的不斷發展變化。因此，宇宙是由陰、陽兩種相反的氣相輔相成，由陰、陽的共同工作而產生所有的生命。這種陰陽法則，可適用於自然界所有的現象。

在醫學上，將人的身體以腰部為中心，當清明的陽氣分佈於上半部分，濁重的陰氣分佈於下半部分，身體內部的陰陽二氣就可以得到調和，而能維持健康。如果因某種緣故而造成陰陽失調，則陰陽二氣之分佈位置變樣或不平衡，便會出現身體不適的情形。例如，若感到頭重腳輕，身體乏力，心情鬱悶等，本來頭部應該是陽氣分佈的地方，肯定是被陰氣上升至頭部，才會出現如此之症狀。

　　風水學中，有許多改善人與環境之關係的做法，其實質就是要恢復其整個環境的陰陽平衡，也就是使居所內外環境的陰陽調和。具體來說，環境之陰陽調和，其較為理想之分配比例，應以陰四陽六為合，陽比陰多為宜，則陽為6/10，而陰為4/10。若陰陽兩者之比例相同時，則反而會收兩者互相排斥之效果。例如，在一個房子內房與房相對，這樣便使你的循環流動受到破壞。因為房內的空氣分別相對流出，使家庭形成一種有如兩種熱力的傾向，會出現夫妻不和、姑嫂吵架或父母與子女爭執等。

　　人求神清氣爽，故家居住所也必須取得陰陽調和，力求平衡的效果。人要順從於陰陽，不得違背陰陽，順者昌，逆者亡。俗語云：「大門朝南，子孫不寒；大門朝北，子孫受罪。」南為陽，北為陰；住宅朝南，為陽，有吉；住宅朝北，為陰，有凶。在風水學中，還將住宅定為陰，將住於裏面的人定為陽。這樣，長時期生活在住宅裏的人，便會與居屋之間，在不知不覺中兩者形成了陰陽平衡的關係。這種平衡關係，應該讓其長期保持。如果家有長年患病在床者或年老體弱者，最好就不要進行擴建或大肆裝修改建。因為如此一來，恐怕會使這種平衡的關係改變，陰陽受到破壞。

　　陰陽學說具有樸素的辯證色彩，是先哲認識世界的比較正確的思維方式。可是，風水將它與人事吉凶相附會，必然墮於詭辯的泥坑。

⒃ 八卦

八卦是由陰陽派生出來。《易·繫辭》云：「易有太極，是生兩儀，兩儀生四象，四象生八卦。」

四象即太陽、太陰、少陰、少陽。八卦分別是乾、兌、離、震、巽、

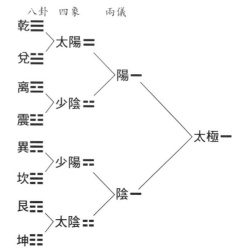

坎、艮、坤。它們代表許多自然現象，乾為天，兌為澤，離為火，震為雷，巽為風，坎為水，艮為石，坤為地。以之推衍，乾又可以作為君、宗、門、首、德等；兌為妹、右、西等，離為戶、牢獄、灶；震又可為主、坦道、蕃、左；巽又可為女、風俗、床；坎為江河、大川、淵、井、寒泉；艮為石、廟、宮室、穴；坤又可以作為臣、城邑、田、宅、陸。

風水先生在使用羅盤時，有的用後天八卦，有的用先天八卦。

風水先生以為每個住宅都有自己的屬性，就將後天八卦中的乾、兌、艮、坤作為西四宅，以離、震、巽、坎作為東四宅。具體的判斷方法是依據住宅的朝向，如子午向就是坎宅，坎宅屬於東四宅。風水先生又認為每個人都有特定的宅命，凡東四命就適宜住東四宅，西四命就適宜住西四宅，否則有凶。

⑴ **五行**

風水學認為，相地奧妙，盡在五行之中。山川形勢有直有曲，有方有圓，有闊有狹，各具五行。概其要，唯測其氣驗其質而已。質以氣成，氣行質中。地理千變萬化，關鍵在五行之氣。

五行即金、水、木、火、土。

① 相生規律：「生」，是含有滋生、助長的意義。在五行之中，具有相互促進、相互依存的關係，這種關係就稱為「相生」。

五行相生的規律是：水生木，木生火，火生土，土生金，金生水；如此循環生生化化，無有終時。它們彼此間的關係，也可以理解為一種推動發展的作用。

在五行相生中，任何一行都具有生我、我生兩方面的聯繫，也就是母子關係，以水為例：生我者「金」，則金為水之母；我生者為「木」，則木為水之子，其餘類推。

② 相克的規律：「剋」，是含有制、勝的意義。在五行之中具有相互制約、相互克服的關係。這種關係稱為「相剋」。

五行相剋的規律為：木剋土，土剋水，水剋火，火剋金，金剋木，如此相互制約、循環不已、無有終時。在正常情況下的相

剋，也是一種維持平衡的力量。如果五行相剋太過，則會起到傷害的作用而產生異常變化。

在五行相剋中，任何一行都有剋我、我剋的聯繫，也就是「所勝」和「所不勝」的關係，以木為例：剋我者為金，我剋者為土，那麼，土就是木之「所勝」，金就是木之「所不勝」。其餘類推。

五行歸類系統表

五行	木	火	土	金	水
方向	東	南	中	西	北
時序	春	夏	長夏	秋	冬
五氣	風	暑	濕	燥	寒
生化過程	生	長	化	收	藏
髒	肝	心	脾	肺	腎
腑	膽	小腸	胃	腸	膀胱
竅	目	舌	口	鼻	耳
體	筋	脈	肉	皮毛	骨
志	怒	喜	思	憂	恐
色	青	赤	黃	白	黑
味	酸	苦	甘	辛	鹹
音	角	徵	宮	商	羽
聲	呼	笑	歌	哭	呻

　　五行相剋中，同樣也不是單獨存在的，在相剋中必須寓有相生在內，否則，萬物就不會有生化。

⒅ 形勢

　　形勢，相地術指地形和地勢。形與勢有區別。風水先生認為，千尺為勢，百尺為形，形比勢小，勢比形大。勢是遠景，形是近觀。勢是形之崇，形是勢之積。有勢然後有形，有形然後知勢。勢立於形之先，形成於勢之後。形位於內，勢位於外。形得應勢，勢得就行。勢居乎粗，形居乎細。勢背而形不住，形行而穴不結。勢如城郭牆垣，形似樓臺門第。形是單座的山頭，勢是起伏的群峰。認勢唯難，觀形則易。由大到小，由粗到細，由遠列近。

　　風水先生對勢的要求是：勢必欲行，行則遠，遠則騰。勢不欲止，止則來無所從。勢欲其來，勢不畏露，勢必欲圓，圓則順。對形的要求是：形不欲露，露則氣散於飄風。形必欲圓，圓則氣聚而有融。形不欲行，行則或東或西。形必欲方，方則正。

⒆ 擇日用事術語

　　動土：陽宅建築時，按所擇日時，用鋤頭在吉方鋤下第一鋤
　　　　　土的時間稱「動土」。
　　下基：牆基挖好後，在吉方所下的第一塊基石的時間稱「下
　　　　　基」。

豎柱上樑：豎立柱子及上屋頂大樑的良辰吉日。

安門：一般指門向之正中大門（主門）。

作灶：安修廚灶，廚爐移位。

進火：一般指入宅，古時有進火的一套儀式。

移徙：遷移居所（舊宅）。

修造：修建房屋，修繕櫃檯。

栽種：播種百果，栽植接果。

開渠穿井：築下水道、水溝；穿井即開鑿水井。

開市：商店開張做生意或新年第一天開張。

掃舍：清掃房舍。

開倉：打開倉庫。

作樑：砍伐樹木作屋樑。

修飾垣牆：即粉刷牆壁。

平治道塗：即修平道路。

修屋鑲垣：折除舊屋、圍牆之事。

⊋風水學中採用的天干地支和甲子納音

據《五行大義》說，干支是大撓創制的。大撓「采五行之情，占鬥機所建，始作甲乙以名日，謂之幹，作子醜以名月，謂之枝。有事於天則用日，有事於地則用月。陰陽之別，故有枝幹名也」。

十天干：甲、乙、丙、丁、戊、己、庚、辛、壬、癸。

十二地支：子、醜、寅、卯、辰、巳、午、未、申、酉、戌、亥。

天干的含義：

甲是拆的意思，指萬物剖符而出。

乙是軋的意思，指萬物出生，抽軋而出。

丙是炳的意思，指萬物炳然著見。

丁是強的意思，指萬物丁壯。

戊是茂的意思，指萬物茂盛。

己是紀的意思，指萬物有形可紀識。

庚是更的意思，指萬物收斂有實。

辛是新的意思，指萬物初新皆收成。

壬是任的意思，指陽氣任養萬物之下。

癸是揆的意思，指萬物可揆度。

由此可見，十天干與太陽出沒有關，而太陽的循環往復週期，對萬物產生著直接的影響。

十二地支的含義：

子是茲的意思，指萬物茲萌於既動之陽氣下。

丑是紐，系的意思，既萌而系長。

寅是移，引的意思，指物芽稍吐而伸之移出於地。

卯是冒的意思，指萬物冒地而出。

辰是震的意思，物經震動而長。

巳是起、已的意思，指萬物至此已畢盡而起。

午是忤的意思，指萬物盛大枝柯密佈。

未是昧的意思，指陰氣已長。萬物稍衰，體曖昧。

申是身的意思，指萬物的身體都已成就。

酉是老的意思，指萬物老極而成熟。

戌是滅的意思，指萬物皆衰滅。

亥是核的意思，指萬物收藏皆堅核。

十天干與十二地支按順序兩兩相配，從甲子到癸亥，共60個組合，故稱六十甲子，又每兩組配一納音五行。

甲子納音表

甲子 乙丑 海中金	丙寅 丁卯 爐中火	戊辰 己巳 大林木	庚午 辛未 路旁土	壬申 癸酉 劍鋒金
甲戌 乙亥 山頭火	丙子 丁丑 洞下水	戊寅 己卯 城牆土	庚辰 辛巳 白臘金	壬午 癸未 楊柳木
甲申 乙酉 泉中水	丙戌 丁亥 屋上土	戊子 己丑 霹雷火	庚寅 辛卯 松柏木	壬辰 癸巳 常流水
甲午 乙未 沙中金	丙申 丁酉 山下火	戊戌 己亥 平地木	庚子 辛丑 壁上土	壬寅 癸卯 金箔金
甲辰 乙巳 佛燈火	丙午 丁未 天河水	戊申 己酉 大驛土	庚戌 辛亥 釵釧金	壬子 癸丑 桑松木
甲寅 乙卯 大溪水	丙辰 丁巳 沙中土	戊午 己未 天上火	庚申 辛酉 石榴木	壬戌 癸亥 大海水

❷四吉星、四凶星和風水中的方位

　　四吉星與四凶星是根據家宅戶主的命卦，而分佈在不同的方位。

　　風水學中認為住宅有四吉星與四凶星。吉星是生氣、天醫、延年、伏位。凶星是禍害、六煞、五鬼、絕命。此八顆星曜是根據家宅戶主的命卦，而分佈在不同的方位，因此，欲瞭解自己家宅內的吉星凶星分佈情況，首先一定要知道戶主的命卦是什麼。命卦是依出生年份而定的，一年的開始不是陽曆一月一日，其結束也不是十二月三十一日；一年的開始也不是農曆正月初一，其結束也不是年三十晚大除夕，而是按照立春日訂立的，凡立春日即為一年之始，到下一個立春的前夕，即為一年之結束。

　　男命和女命的卦，計算方法是不同的，現按順序列出二十世紀100年間，每一年的男女命卦所屬。

　　　1901年——辛丑年，男性屬離火，女性屬乾金。

　　　1902年——壬寅年，男性屬艮土，女性屬兌金。

　　　1903年——癸卯年，男性屬兌金，女性屬艮土。

　　　1904年——甲辰年，男性屬乾金，女性屬離火。

　　　1905年——乙巳年，男性屬坤土，女性屬坎水。

　　　1906年——丙午年，男性屬巽木，女性屬坤土。

　　　1907年——丁未年，男性屬震木，女性屬震木。

1908年——戊申年，男性屬坤土，女性屬巽木。

1909年——己酉年，男性屬坎水，女性屬艮土。

1910年——庚戌年，男性屬離火，女性屬乾金。

1911年——辛亥年，男性屬艮土，女性屬兌金。

1912年——壬子年，男性屬兌金，女性屬艮土。

1913年——癸丑年，男性屬乾金，女性屬離火。

1914年——甲寅年，男性屬坤土，女性屬坎水。

1915年——乙卯年，男性屬巽木，女性屬坤土。

1916年——丙辰年，男性屬震木，女性屬震木。

1917年——丁巳年，男性屬坤土，女性屬巽木。

1918年——戊午年，男性屬坎水，女性屬艮土。

1919年——己未年，男性屬離火，女性屬乾金。

1920年——庚申年，男性屬艮土，女性屬兌金。

1921年——辛酉年，男性屬兌金，女性屬艮土。

1922年——壬戌年，男性屬乾金，女性屬離火。

1923年——癸亥年，男性屬坤土，女性屬坎水。

1924年——甲子年，男性屬巽木，女性屬坤土。

1925年——乙丑年，男性屬震木，女性屬震木。

1926年——丙寅年，男性屬坤土，女性屬巽木。

1927年——丁卯年，男性屬坎水，女性屬艮土。

1928年——戊辰年，男性屬離火，女性屬乾金。

1929年——己巳年，男性屬艮土，女性屬兌金。

1930年——庚午年，男性屬兌金，女性屬艮土。

1931年——辛未年，男性屬乾金，女性屬離火。

1932年——壬申年，男性屬坤土，女性屬坎水。

1933年——癸酉年，男性屬巽木，女性屬坤土。

1934年——甲戌年，男性屬震木，女性屬震木。

1935年——乙亥年，男性屬坤土，女性屬巽木。

1936年——丙子年，男性屬坎水，女性屬艮土。

1937年——丁丑年，男性屬離火，女性屬乾金。

1938年——戊寅年，男性屬艮土，女性屬兌金。

1939年——己卯年，男性屬兌金，女性屬艮土。

1940年——庚辰年，男性屬乾金，女性屬離火。

1941年——辛巳年，男性屬坤土，女性屬坎水。

1942年——壬午年，男性屬巽木，女性屬坤土。

1943年——癸未年，男性屬震木，女性屬震木。

1944年——甲申年，男性屬坤土，女性屬巽木。

1945年——乙酉年，男性屬坎水，女性屬艮土。

1946年——丙戌年，男性屬離火，女性屬乾金。

1947年——丁亥年，男性屬艮土，女性屬兌金。

1948年——戊子年，男性屬兌金，女性屬艮土。

1949年——己丑年，男性屬乾金，女性屬離火。

1950年——庚寅年，男性屬坤土，女性屬坎水。

1951年——辛卯年，男性屬巽木，女性屬坤土。

1952年──壬辰年，男性屬震木，女性屬震木。

1953年──癸巳年，男性屬坤土，女性屬巽木。

1954年──甲午年，男性屬坎水，女性屬艮土。

1955年──乙未年，男性屬離火，女性屬乾金。

1956年──丙申年，男性屬艮土，女性屬兌金。

1957年──丁酉年，男性屬兌金，女性屬艮土。

1958年──戊戌年，男性屬乾金，女性屬離火。

1959年──己亥年，男性屬坤土，女性屬坎水。

1960年──庚子年，男性屬巽木，女性屬坤土。

1961年──辛丑年，男性屬震木，女性屬震木。

1962年──壬寅年，男性屬坤土，女性屬巽木。

1963年──癸卯年，男性屬坎水，女性屬艮土。

1964年──甲辰年，男性屬離火，女性屬乾金。

1965年──乙巳年，男性屬艮土，女性屬兌金。

1966年──丙午年，男性屬兌金，女性屬艮土。

1967年──丁未年，男性屬乾金，女性屬離火。

1968年──戊申年，男性屬坤土，女性屬坎水。

1969年──己酉年，男性屬巽木，女性屬坤土。

1970年──庚戌年，男性屬震木，女性屬震木。

1971年──辛亥年，男性屬坤土，女性屬巽木。

1972年──壬子年，男性屬坎水，女性屬艮土。

1973年──癸丑年，男性屬離火，女性屬乾金。

1974年——甲寅年，男性屬艮土，女性屬兌金。

1975年——乙卯年，男性屬兌金，女性屬艮土。

1976年——丙辰年，男性屬乾金，女性屬離火。

1977年——丁巳年，男性屬坤土，女性屬坎水。

1978年——戊午年，男性屬巽木，女性屬坤土。

1979年——己未年，男性屬震木，女性屬震木。

1980年——庚申年，男性屬坤土，女性屬巽木。

1981年——辛酉年，男性屬坎水，女性屬艮土。

1982年——壬戌年，男性屬離火，女性屬乾金。

1983年——癸亥年，男性屬艮土，女性屬兌金。

1984年——甲子年，男性屬兌金，女性屬艮土。

1985年——乙丑年，男性屬乾金，女性屬離火。

1986年——丙寅年，男性屬坤土，女性屬坎水。

1987年——丁卯年，男性屬巽木，女性屬坤土。

1988年——戊辰年，男性屬震木，女性屬震木。

1989年——己巳年，男性屬坤土，女性屬巽木。

1990年——庚午年，男性屬坎水，女性屬艮土。

1991年——辛未年，男性屬離火，女性屬乾金。

1992年——壬申年，男性屬艮土，女性屬兌金。

1993年——癸酉年，男性屬兌金，女性屬艮土。

1994年——甲戌年，男性屬乾金，女性屬離火。

1995年——乙亥年，男性屬坤土，女性屬坎水。

1996年──丙子年，男性屬巽木，女性屬坤土。

1997年──丁丑年，男性屬震木，女性屬震木。

1998年──戊寅年，男性屬坤土，女性屬巽木。

1999年──己卯年，男性屬坎水，女性屬艮土。

2000年──庚辰年，男性屬離火，女性屬乾金。

凡命卦屬震、巽、離、坎，其吉利方位是東方、東南方、南方及北方。凶方則是西方、東北方、西南方及西北方。

凡命卦屬乾、兌、艮、坤，其吉方凶方與前述四卦剛好相反，吉方是西方、東北方、西南方及西北方，凶方則是東方、東南方、南方、北方。

在四吉星中，最吉的是生氣，天醫次吉，延年更次之，伏位又再次之。

四凶星中，最凶者為絕命，五鬼次凶，六煞更次之，禍害又再次之。戶主的命卦不同，八星的分佈方位也不同，以下是八種命卦的八星分佈情況：

(1) 震卦──生氣在南方，天醫在北方，延年在東南方，伏位在東方，絕命在西方，五鬼在西北方，六煞在東北方，禍害在西南方。

(2) 巽卦──生氣在北方，天醫在南方，延年在東方，伏位東南方，絕命在東北方，五鬼在西南方，六煞在西方，禍害在西北方。

(3) 離卦——生氣在東方，天醫在東南方，延年在北方，伏位在南方，絕命在西北方，五鬼在西方，六煞在西南方，禍害在東北方。

(4) 坎卦——生氣在東南方，天醫在東方，延年在南方，伏位在北方，絕命在西南方，五鬼在東北方，六煞在西北方，禍害在西方。

(5) 乾卦——生氣在西方、天醫在東北方，延年在西南方，伏位在西北方，絕命在南方，五鬼在東北方，六煞在北方，禍害在東南方。

(6) 坤卦——生氣在東北方，天醫在西方，延年在西北方，伏位在西南方，絕命在北方，五鬼在東南方，六煞在南方，禍害在東方。

(7) 兌卦——生氣在西北方，天醫在西南方，延年在東北方，伏位在西方，絕命在東方，五鬼在南方，六煞在東南方，禍害在北方。

(8) 艮卦——生氣在西南方，天醫在西北方，延年在西方，伏位在東北方，絕命在東南方，五鬼在北方，六煞在東方，禍害在南方。

　　風水學最重大門、爐灶、睡床、浴廁等的方位，知道家宅內四吉星與四凶星的所在，也就較容易判別風水的好壞了。

❷家宅的五個部分

　　風水學把家宅的位置分為五個重要的部分。這五個部分的宜忌及所主的吉凶都有不同，其劃分是根據大門的所在而定的。

(1) 前朱雀位——我們以家宅大門為屋的前方，這部分稱為前朱雀位，它是人們進出房屋的地方，也是人們日常活動的地點，其氣比較流動，有動象，一般不吉也不凶。

(2) 後玄武位——與大門的位置剛好相對，與前朱雀位各為前後兩極，它是家人休息的地方，宜靜不宜動，否則家人不安寧。此位置有一個或兩個財氣位，至於是一個還是兩個，視大門的位置而定。

(3) 左青龍位——我們站在屋內的廳堂，面向大門，自己左方的牆壁為左青龍位，此位置主貴人，所以最宜氣聚，聚氣則可得貴人扶助。此位置亦是主男性的桃花位。

(4) 右白虎位——我們站在屋內的廳堂，面向大門，自己右方的牆壁為右白虎位。白虎位主小人，此位置氣聚，則身邊小人當道。白虎位亦是主女性的桃花位。

(5) 中勾陳位——此為房子的中央部分，不屬前四者的中央空間，便屬中勾陳位，此位置最不宜設置廚房、浴室、廁所等，否則對家宅不利。

中國傳統住房的結構

古人建城，方圓九里，每邊三個門，城中道路有九經九緯，王宮門外的路邊分別是祖廟和社，前面是朝，後面是市。夏代有世室，室分中央室、四隅室，用白灰粉刷。殷人有屋，堂南北長七尋，基高三尺。周人有明堂，宮中以尋為度，野地以步為度，道途以仞為度，路門內外分別有九室。

上古的住房，主要強調的是工整、對稱。如和營建城、北京故宮，都是方方正正，有中軸線，有中心點，給人以莊嚴的感覺。

房屋的結構有許多特定名詞。

(1) 凡舊屋前後新連接的謂之插翅房。

(2) 房後左山頭又蓋小屋謂之單耳房。

(3) 新舊相接不成宅體謂之偏身房。

(4) 堂房左右俱蓋小屋謂之雙耳房。

(5) 堂房前後或蓋一小屋謂之卜丁房。

(6) 舊房露出樑柱謂之露脊房。

(7) 舊房被水浸爛謂之赤腳房。

(8) 舊房開門窗太多謂之漏星房。

(9) 有堂無室謂之孤陽房。

房屋雙分為金木水火土五形。

(1) 金形，形狀方正，喻其屋宇光明，牆壁嚴整，四簷拱照。

(2) 木形，形狀修長，喻
其屋脊高聳，牆垣起
伏，四簷拱照。

(3) 水形，形狀圓形或波
浪形，喻其屋宇整
潔。

(4) 火形，形狀尖形，或
參差不齊，屋宇藏
風，屋脊不見尖聳。

(5) 土形，形狀方厚、穩
重，四簷齊平，牆無
缺陷。

⊙風水羅盤及使用方法

羅盤，又稱羅經，取包羅萬象、經緯天地之意義。

羅盤一般由地盤和天盤組成。羅盤上有五針、縫針、中針之分；有金盤、銀盤之分；有內盤、外盤之分；有天、地、人三盤之分。有的風水先生用正針度天，有的用正針格龍；有的用縫針測地，有的用縫針定坐向。沒有統一規定，風水先生各行其是都自稱正宗，都說秘受先師真傳。地盤是正方形，或稱托盤，上有十字形兩條線，中間鑿有一個凹圓。天盤是圓形，盤底略凸，置於地盤的凹圓上可以旋轉。天盤中間裝有一根指南針，或稱磁鍼、金針，大致指向南方。

天盤和地盤象徵天圓地方。

天盤上的指南針，風水先生稱為正針。正針所指的方向實際不是正南。為了測定正南，又設立了縫針。縫針與正針之間形成磁偏角。

使用羅盤的關鍵是看針。如果想要知道某穴或某屋的方向，就將羅盤放在穴的石碑上，或房屋門腳正中，或院子的天井中，墊上三寸厚的米，把米壓成水平面，米上放地盤。清除四周的金屬物，然後用潔水洗淨天盤，將指針連擲兩三次，看針是不是都指在同一

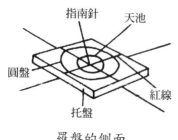

羅盤的側面

指南針　天池

圓盤

托盤

紅線

方向——子午線。就像中醫號脈一樣，對於針的晃動，風水先生歸納為「八奇」：一搗，懼也，浮而不定，不歸中線。說明地下有古板古器。二兌，突也，針橫，不歸子午，說明地下有金屬。三欺，詐也，針轉而不穩。四探，擊投也，半沉半浮。五沒，說明地下有銅器。六遂，不順也，針浮而亂動。七側，不正也，偏東或偏西。八正，收藏中線。前七奇皆不吉。只有第八為吉。風水先生如果要格水的方向，就用羅盤（托盤）正中的紅線（有的用白線）指定水口交合之處，再轉動圓羅盤，使磁鍼與天池海底線平行，再看紅線在圓盤上指的是什麼字，就可根據風水理論推定方向的吉凶。如果方向不合適，就要調整羅盤，直到吉利為止。

由於風水先生們故弄玄虛，使羅盤這種簡單的指南工具，變得內容十分複雜，涉及太極、陰陽、八卦、五行、河圖、洛書、納甲、天星、二十八

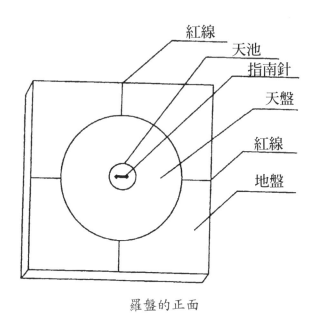

紅線
天池
指南針
天盤
紅線
地盤

羅盤的正面

宿、山川、方位等。這一套東西晦澀難懂，多有牽強之處。

　　但是，我們也得看到，羅盤上展現了風水先生們的智慧，他們將天、地、人三者關係有機地聯繫在一起，將磁極子午、桌影子午、北極子午之間的關係比較準確地在盤面上反映出來，將氣、理、數、形等不同的關係協調起來，用系統的方法說明各種關係，這是令人欽佩的。

✦ 數字在風水學上的吉與凶

　　人類社會學家指出，每個數字都籠罩著人為的神秘光暈。

　　在古希臘，1被看做萬物的開端，由它派生出了整個世界。2則意味著愛情。3的含義與2等量齊觀。6是個絕妙的數字，因為它有非凡的特性，既是1、2、3的乘積，又是上述三個數之和。7與人們的生活關係最大，因此，無論中外都備受寵愛。一週為七天；地球上有七塊大陸；人有七情；神話傳說中，天帝均是七個女兒；牛郎和織女在七月初七相會等。

　　在古代，5、8也備受青睞。5是約數之首（4捨5入），學說中有「五行說」，糧食總稱「五穀」，名山有「五嶽」，一夜分「五更」，人體稱作「五體」。「8」諧音「發」，卦有「八卦」，地分「八方」，結拜兄弟要「八拜」，連考試的文章也稱「八股」。

　　最受我們祖先寵愛的數字是「9」。「9」諧音「久」，是數位的終端，是一切事物的頂點，是極陽數，含有「至高無上，吉祥如意」的意義。如天有「九重」，地分「九層」，水有「九淵」，國土有「九州」，人分「九等」，官設「九品」，物類高下分「九段」，就連我們中華民族的搖籃也稱作「九曲黃河」。皇家建築更是與「9」結下了不解之緣，其建築物群數和臺階數，甚至是石塊數，都是「9」或「9」的倍數。

　　最為國人忌諱的數字是「4」。「4」諧音「死」，人的整數

生日往往進行隆重的慶典，唯有40歲的生日，人們往往避免提及。

在古希臘，最倒楣的數位是13，因為古希臘是採用12制進位法。12是進位制的殿軍，13則是不入流的數之首。因此，13被認作不祥危險的數字，並派生出許多有關13的誣傳。在今天科學發達的西方國家，人們對13這個數字，仍然是避如瘟神。如在倫敦的住宅區，無法見到門牌編號為13的公寓，樓房12層以上是14層，電影院中不設13排和13號的座位……

而在我國，因為採用10進位制，因此對13不存偏見，反倒時見寵倖，如佛塔必是13層，帝王的養子們常湊成「十三太保」等。

我們論數字吉凶的標準在哪里？以13數而言，在西方人的觀念中，13乃最不吉利的數字，也許是巧合，也許是冥冥中自有註定，美國的太空計畫中，有關13數字的太空計畫，失敗率特別高，13號太空船發射失敗，13日發射的火箭焚毀，反正與13有關的事情總不是很順利。但對我國而言，13卻是大吉大利，關於13的評論詩曰：智略超群博學多，善處事務亦忍和，功業成就得富榮，藝才相身樂千鐘。可以說是非常完美的事，假如今天換成高鼻子的外國人來看13數，你認為他會下什麼樣的評語呢？吉凶之說，必須因人、因時、因事、因地、因物的不同條件論處，方不至於偏頗妄下論語。因為人、時、事、地、物的不同，完完全全操縱吉凶禍福是不可否認的事實。得是好事，吉凶之說完全是站

在自己的立足點來評斷，不是人人通用的，對一件事情的看法也必須有正反面的觀點，才能做公正的選擇。吉凶之說之所以會隨人、時、事、地、物的改變絕不是偶然。

應當指出，數字的神秘含義，可能有著客觀的起源，但是卻沒有必要盲目地相信其神秘力量。對待這類現象，知道了有趣，不知亦無妨（對於外交人員或出口商，則有必要多瞭解一些）。

❷現代風水學的基本原則

風水理論是什麼呢？實際上就是地理學、地質學、星象學、氣象學、景觀學、建築學、生態學，以及人體生命資訊學等多種學科綜合一體的一門自然科學。其宗旨是審慎周密地考察、瞭解自然環境，順應自然，有節制地利用和改造自然，創造良好的居住與生存環境，贏得最佳的天時、地利與人和，達到天人合一的至善境界。

正是基於這一追求，在風水理論及其實踐的長期發展過程中，積累了豐富的實際經驗，也通過理論思維，吸收融會了古今中外各門科學、哲學、美學、倫理學，以及宗教、民俗等方面的眾多智慧，最終形成了內涵豐富，綜合性和系統性很強的獨特理論體系——現代風水學。概括起來，有如下原則：

(1) 整體系統原則

風水理論思想把環境作為一個整體系統，這個系統以人為中心，包括天地萬物。環境中的每一個子系統，都是相互聯繫、相互制約、相互依存、相互對立、相互轉化的要素。風水學的功能，就是要宏觀地把握協調各系統之間的關係優化結構，尋求最佳組合。

整體原則是風水學的總原則，其他原則都從屬於整體原則，以整體原則處理人與環境的關係，是現代風水學的基本點。

(2) 因地制宜原則

因地制宜，即根據環境的客觀性，採取適宜於自然的生活方式。

大陸地域遼闊，氣候差異很大，土質也不一樣，建築形式亦不同。西北乾旱少雨，人們就採取穴居式窯洞居住。窯洞位多朝南，施工簡易，不佔土地，節省材料，防火防寒，冬暖夏涼，人可長壽，雞多下蛋。西南潮濕多雨，蟲獸很多，人們就採取幹欄式竹樓居住。樓下空著或養畜，樓上住人。竹樓空氣流通，涼爽防潮，大多修建在依山傍水之處。此外，草原的牧民採用蒙古包為住宅，便於隨水草而遷徙。貴州山區和雲南大理人民用山石砌房，這些建築形式都是根據當時當地的具體條件而創立的。

因地制宜是務實思想的體現。根據實際情況，採取確實有效的方法，使人與建築適宜於自然，回歸自然，歸真返璞，天人合一，這正是風水學的真諦所在。

(3) 依山傍水原則

依山傍水是風水學最基本的原則之一。山體是大地的骨架，水域是萬物生機的源泉。建造住宅依好山、傍吉水，是古代從帝王到平民的普遍願望。

(4) 觀形察勢原則

風水學重視山形地勢，把小環境放入大環境考察。

風水學把綿延的山脈稱為龍脈。

龍脈的形與勢有別，千尺為勢，百尺為形，勢是遠景，形是近觀。勢是形之崇，形是勢之積。有勢然後有形，有形然後知勢，勢位於外，形在於內。勢如城郭牆垣，形似樓臺門第。勢是起伏的群峰，形是單座的山頭。

從大環境觀察小環境，便可知道小環境受到的外界制約和影響，諸如水源、氣候、物產、地質等。任何一塊宅地表現出來的吉凶，都是由大環境所決定的。只有形勢完美，宅地才完美。每建一座城市，每蓋一棟樓房，每修一個工廠，都應當先考察山川大環境。大處著眼，小處著手，必先解後顧之憂，而後富乃大。

(5) 地質、水質檢驗原則

風水思想對地質、水質很講究，甚至是挑剔，認為地質決定人的體質。

稍具科學常識的人都知道，土壤中含有微量元素鋅、鉑、硒、氟等，在光合作用下放射到空氣中，直接影響人的健康。潮濕或臭爛的地質，會導致關節炎、風濕性心臟病、皮膚病等。潮濕腐敗之地是細菌的天然培養基地，是產生各種疾病的根源，因此不宜建宅。

人們很早就已經認識到，不同地域的水分中含有不同的微量元素及化學物質，有些可以致病，有些可以治病。風水學理論主張考察水的來龍去脈，辨析水質，掌握水的流量，優化水環境，

這對居民的健康有益。

(6) 坐北朝南原則

坐北朝南的房子，在以前稱為正房，那是因為這種房子冬暖夏涼，光線充足，即使在冬天，陽光也一樣能照射到房間的深處，令人有明亮溫暖的感覺。只要一進屋，就會覺得很舒服。而且，這種坐向的屋宅，到了夏季，當太陽升到接近頭頂的上空之時，屋內也受不到強烈日光的照射。除此之外，東南風也可以通過視窗與門戶吹進屋裏，讓人感到涼爽舒適。故此，中國人都願意住在北房，也就是坐北朝南的屋子。

坐北朝南原則是對自然現象的正確認識，順應天道，得山川之靈氣，受日月之光華，頤養身體，陶冶情操。

(7) 適中居中原則

適中，就是恰到好處，不偏不倚，不大不小，不高不低，盡可能優化，接近至善至美。

風水理論主張山脈、水流、朝向都要與穴地協調，房屋的大與小也要協調，房大人少不吉，房小人多不吉，房小門大不吉，房大門小不吉。

適中的原則還要求突出中心，佈局整齊，附加設施緊緊圍繞軸心。在典型的風水景觀中，都有一條中軸線，中軸線與地球的經線平行，向南北延伸。中軸線的北端最好是橫行的山脈，形成

「丁」字形組合，南端最好有寬敞的明堂（平原），中軸線的東西邊有建築物簇擁，還有彎曲的河流。

(8) 順乘生氣原則

風水理論認為，氣是萬物的本源。太極即氣，一氣積而生兩儀，一生三而五行具，土得之於氣，水得之於氣，人得之於氣，氣感而應，萬物莫不得於氣。

由於季節的變化，太陽出沒的變化，使生氣與方位發生變化。不同的月份，生氣和死氣的方向就不同。生氣為吉，死氣為凶。人應取其旺相，消納控制。《黃帝宅經》認為，正月的生氣在子癸方，二月在丑艮方，三月在寅甲方，四月在卯乙方，五月在辰巽方，六月在乙丙方，七月在午丁方，八月在未坤方，九月在申庚方，十月在酉辛方，十一月在戌乾方，十二月在亥壬方。風水羅盤體現了生氣方位觀念，風水學很講究這一套。

風水理論提倡在有生

氣的地方修建城鎮房屋,這叫做乘生氣。只有得到生氣的滋潤,植物才會欣欣向榮,人類才會健康長壽。

　　風水理論認為:房屋的大門為氣口,如果有路有水曲而至,即為得氣,這樣便於交流,可以得到資訊,又可以回饋資訊。如果把大門設在閉塞的一方,謂之不得氣。得氣有利於空氣流通,對人的身體有好處。

❷風水調整的理論依據

　　風水學作為《周易》科學的分支，其理論基礎就是八卦和陰陽五行。我們的祖先仰觀俯察，遠取諸物，近取諸身，發明了八卦。卦雖為八，卻是包羅萬象；世間萬物，不離陰陽五行。五行平和則祥瑞生，五行交戰則災禍起。比如：一家住宅的巽卦不利，則主人的婚姻就會出現問題，財運和女主人的健康也會受到不利影響。同樣，如果一家企業的巽卦五行失和，則會官司纏身、營利下降甚至出現虧損。風水調整的目的就是要針對住宅和經營場所的五行缺陷，利用獨特的化解方法進行綜合調整，最大限度地化解住宅（經營場所）的先天缺陷，化不利為有利，使業主（經營者）不僅能享受到居住（經營）環境的舒適，更能享受到家運昌和、事業旺盛的喜悅！

❷風水調整的主要方法

完全符合要求的風水是不多的。風水學認為是地理上的不足，有些可以通過人工進行改造、人工補救，有如下幾個方面：

(1) 開渠引水：或築塘蓄水。對於缺水的穴位，以此法補救；背靠來龍主脈，左右有護砂，前有明堂。來龍貫氣，護砂藏風，明堂得水，這就成了大吉地，對於一個村莊，如果附近有河流，也有採取開渠引水的方法進行改造和利用。如穴前有溪水經過，來水急躁宜築坎壩緩急而留之，如來水「撞城反背」，可將河流改道，使成環護狀。不過對大江大河，這種方法就行不通了。因此也應該按「瞭解自然，利用自然，改造自然，順應自然」四大原則進行調整。

(2) 培龍補砂：來龍低平，砂山低缺，可以人工挑土墊高填補，並植樹以增加高度，以達到避風，調整溫度濕度和降溫的目的。

(3) 修補住宅：如改變原

住宅的大門朝向，改變門窗的大小尺寸，改變住宅內部的佈局，以符合八宅術、五宅術坐向「風水理論」的要求，對於正對大道或大街的住宅，可採用建照壁的辦法加以遮擋，照壁建在門外或閘內。其用意一為擋風，二為避煞。

(4) 採用風水鎮物：風水學上的鎮物有許多種，如鎮河的寶塔。河水急湍，常常氾濫成災，建寶塔以鎮之，橋亦有鎮邪的功能，風水學認為，在水口建橋，可以起關護的作用，能使鎮村留住財氣。來龍形勢急猛逆折，有不羈之象，宜建塔樓以鎮之。

(5) 花草樹木調整：許多人都知道利用仙人掌和仙人球擋煞，如住宅周圍有物體尖角沖煞，就可以在窗外或閘外，在對著尖角的方向擺放仙人掌和仙人球進行阻擋，而且效果很好。眾所周知，植物可吸二氧化碳，放出氧氣，將其擺放在房內既可供氧，也可以它的枝葉來擋煞避邪，如果有沖煞之形對著門口，則應在剛進門的迎面處擺放相應植物，這樣不但可以避擋煞氣，還能起到招財進寶的作用。此外還可使用掛風鈴、掛寶葫蘆、掛寶劍，擺放石獅子、麒麟、金魚、金牛、金雞等物進行避邪助運。

●常用的風水用品類別

　　風水用品類別繁多，其功能的大小並不是以其價錢的高低而定的，風水用品的選用是根據需要而選用的。選用得越恰當，起到的作用就越大了。當然要記得選好了的風水用品，要選擇適當的時間，放置到合適的方位才真正顯其功效。

(1) 平安類——花瓶、竹樹、心經、角符……

(2) 旺財類——睚皆、五帝古錢、蟾蜍、財神、玉璧、水晶、貔貅……

(3) 招福類——五福臨門、百福圖、引福歸堂、鵲鳥、佛手、福璧……

(4) 升職類——封侯玉、鹿圖、圭笏、天祿、升官印、魯班尺……

(5) 聰明類——魁星賜斗、文昌君、三元及第、文昌塔、毛筆、玉蟬……

(6) 富貴類——牡丹圖、吉祥如意、招貴風鈴、山水朝貴、龍飾……

(7) 鎮宅類——龍、三羊開泰、玄武、鼎、鎮宅之寶、八寶吉祥……

(8) 婚戀類——鴛鴦、萬年青、菱角、龍鳳呈祥、和合二仙、桃花位……

(9) 添丁類——麒麟送子、持荷童子、玉山、榴開百子……

⑽ 長壽類——南極仙翁、壽桃、鶴、松柏、壽龜、百壽圖……

⑾ 化煞類——乾坤虎頭鏡、泰山石敢擋、八卦（內、外）、葫
蘆、九星化煞錢、三叉……

⑿ 驅邪類——六帝尺、六帝古錢、扇、符、鍾馗、太歲璧、虎
頭牌……

⒀ 避小人類——青龍、龍形飾物……

⒁ 除桃花類——桃花斬、金雞制劫……

❷常用的化煞工具

(1) 屏風和影壁

北京的故宮中，每一院每一宮都毫無例外地設有影壁牆，不同的是，有的為磚砌，有的為木制，有的為玉石。過去的四合院和古代建築，為什麼大門內外都有個「影壁牆」？影壁牆是針對沖煞而設置的。風水學中，無論河流還是馬路，都忌諱直來直去。如無「影壁牆」，氣流則直來直去，有了影壁牆，氣流要繞著影壁而行。注意，這一繞，軌跡成了「S」形，由於氣流減慢，氣則不散，符合「曲則有情」的原理。影壁除了可使進氣的氣流呈S形路線，而且由於氣流減速接近了人體氣血運行速度，二者流速相等，人就產生舒適感，於健康和事業都大有裨益。以上兩種效果，即氣流之符號。氣氣相符，才是影壁存在的價值。

至於屏風，顧名思義，屏乃遮罩，風乃空氣之流動，屏風是擋住氣流的傢俱，功同影壁，可謂活動式、可拆式的影壁，為人造實體符。

(2) 符咒

在中國風水學中，被視為一種補救措施。這方面內容爭議頗大，其主要原因是現代研究太少。關於符咒，劉曉明在《中國符咒文化》一書中，這樣評價：「一旦將符咒置身於現代科學理論的顯微鏡下，我們就發現它遠遠不像我們當初設想的那樣簡單，

這不僅是因為符咒作為一個鮮為人跡涉及的領域而荊棘叢生，舉手投足盡是障礙需要疏通；而且，符咒竟包含那樣多的文化內涵，以及同樣多的理性缺憾。」

⑶ **龜**

假如你在窗前看到對面有尖角射向你屋內，或者對面大廈有人掛上八卦、三叉之類的實形東西，你可在窗前養一缸龜（數隻也可）以作化解，又如果你不愛養活的龜，你可在窗前放幾隻紅色或藍色的龜擺設。

⑷ **鏡子**

在風水學上，利用一面鏡子，是可以起著很大的作用的。

如果在房間中掛上一面鏡子，便可以使人有一種增加了空間自由的感覺，也可以消除房間內形狀歪曲這種在人的內心之幻像。另外，通過鏡子的折射和反射作用，可以把光線經常吸納入室內，增加房間內的能量。這種把室外表示繁榮富裕的景物反映照於室內，也就是將財運吸收進來的作用。

使用鏡子，也可以制止直線向前沖進的煞氣，使其不能起著不良

影響。位於筆直道路終點或Ｔ字路交叉點的建築物，這種位置的佈局稱為路沖，是煞氣直接衝擊的地方，頗為居者忌諱。但是，若在面對道路的房子大門外懸掛一面鏡子，便可將煞氣擋彈回去，把不良之影響力緩和下來。這種處理辦法，也可用於走廊盡頭的房間。

一般來說，用於室內調整風水的鏡子，是以越大越好。但在我們放置鏡子的時候，有些地方是需要注意的。第一，鏡子切不可放於住宅的大門位置（除了上面提到的情況例外），因為它會將大門外不好的運氣帶入屋內，對居住在該住宅內的人不利。第二，鏡子也不能對著睡床放置，因為這會對睡於該床上的人健康有影響。如果受空間的限制，鏡子對著睡床的情況是很難避免的，只要躺下和起身時，鏡子照不到自己便可。

(5) 其他工具

大銅錢（出入平安）——放在門口地上，用以對付開門見樓梯或電梯之煞；放在大門右側，以黃線或金線串上掛起（切忌紅線，紅屬火，克金），可防家中女性口舌重；兩個放在枕頭下，保夫妻關係良好。

金元寶（一對並用）——將

一對放在全屋最大的視窗上或陽臺，左右各一，窗口越大財氣越旺；放在大門入屋斜腳處，此地方藏風聚氣，也是財位。

梅花錢——用為升官化小人。

石獅子——破解多種形煞，加強官威或屋主的陽氣，有助生財。銅獅子和石獅子作用相同，銅屬金克制木，宅內有屬水之人，更佳。

水晶柱——調整磁場，加強思維，影響睡眠，加強記憶力。

麒麟風鈴——專供無法擺放法器的住戶和店鋪使用，防煞氣吸財氣。

銅羊——去病減災，增加偏財，對健康有幫助。

銅大象——銀行、賓館多放此物。家居水邊也可。

八卦羅盤鐘——此物最具化煞作用，是招財納福好擺設。更可催姻緣，旺桃花，有百利而無一害。

八卦平面鏡、八卦凸鏡——擋戶外不良建築形狀。

蓮花杯——吸納衰氣。

文昌塔——利於讀書，功名及事業。

銅葫蘆——化病，增添夫妻感情。

木葫蘆——床頭，天醫、延年、生氣、伏位會有奇效。

❸化解各種風水煞氣的基本方法

(1) 陰邪煞

　　一般人都知道，若住宅面對墳場或殯儀館這些「不吉利」的建築物是不好的，這種煞氣稱為陰邪煞，住宅附近有屠場也屬於此煞，容易引起陰邪之氣，導致住宅成員容易生病，發生意外，甚至連人際關係也會變差。要化解此煞，可放一對龍，面向煞氣方，並於受煞方位放一對麒麟或者貔貅；若情況較為嚴重，可加放一把乾隆古銅錢劍，但要注意所放置的方位不能是流年的五煞方位。

(2) 孤克煞

　　住宅面對一些不吉利的建築不妥，相反，面對寺廟、教堂等這些莊嚴的地方也不好，這是由於那些地方經常都有信眾來參拜，香火鼎盛，由於陰靈的聚集，四周容易產生孤煞之氣，導致家宅成員運勢低落，難得貴人扶持。可於犯煞方位放置一對龍朝向窗外，或安置蓮花轉運燈並長期點沉香化解之。

(3) 官門煞

　　住宅面對警察局、政府機構、軍營，甚至監獄，都屬此煞。官門煞影響家宅運勢，令家庭成員諸事不順。要化解此煞，方法是於化煞方位放置一對龍或者一對獅子，同時要面向窗外。

(4) **陰獨煞**

由住宅面對公共場所或者垃圾場所形成，此煞一般影響所及在六樓以下，因此若在這範圍以外的就不用太過擔心；同時，越貼近住宅煞氣越凶，對家人身體健康及財利有所影響。可放置葫蘆及一串白玉六帝銅錢，或銀元錦囊化解之。

(5) **尖角煞**

有些建築物的造型銳角多邊，常會形成尖角或正對鄰居大門，甚至是視窗的景象，若住宅是這種情況的話，就犯了尖角煞。此煞對家庭成員健康有極大影響，對於一些長期慢性頑疾，尤其是疼痛性和出血性的病症，容易引起反覆發作，同時容易引起扭傷、刀傷之類的損傷。此時，可在窗口放置獅咬劍牌及一串白玉六帝銅錢化解之。

(6) **頂心煞**

是指住宅面對燈柱或電線杆所形成的煞氣，這會導致住宅成員脾氣暴，易發生血光之災，或者視力有損。要化解此煞，放置白玉六帝銅錢便可。

(7) 電磁煞

若住宅面對高壓電塔、變電所、變電箱，甚至避雷針，都會造成電磁煞，這時家人不但脾氣暴躁、精神不濟，而且容易生病，頻招血光，破財連連。至於化解方法則是放置化煞黑葫蘆。

(8) 開口煞

這是指住宅大門面對電梯所造成的沖煞，雖然這樣方便了家人的出入，但卻會造成家運不濟、守不住錢財、家中成員容易生病的反效果，同時易得血光之災。若要化解，就要放置獅咬劍牌加上銀元錦囊，或放置一對銅獅子或咬劍天獸。

(9) 牽牛煞

屋門面對樓梯一層一層往下走，就是所謂的牽牛煞。此煞會造成好運全部向外流，並且厄運會接踵而來，家運不濟，成員容易生病。此時，可加裝門檻或閘內放置一道屏風，再加上室內門楣上方放置一串白玉六帝銅錢，或銀元錦囊來化解煞氣。

(10) 八卦煞

是指住宅面對鄰居所放置的鏡、八卦，或一些風水形獸等風水物件所造成的煞氣，由於這些物件本身是仗恃著自己的威猛煞氣來克制外來的凶煞，故同樣也對面對著它的住宅造成不良的影響。解決方法最好是與對方商量，否則，也可放置風水龜殼、一

串白玉六帝銅錢來以柔克剛。

⑾ 天斬煞

　　面對兩棟大樓中間的夾縫，是謂天斬煞，這是由於氣流通過兩座大樓所形成的空隙而生成氣流刀鋒，對居住在這刀鋒之下的住宅成員特別凶，因此，家人易起爭執，易有血光之災，或是易患需動手術之疾病，至於開店的則業務不易拓展。對此，可放置化煞龜殼及兩串銀元錦囊來化解。

⑿ 鐮刀煞

　　若面對彎行道路或天橋，犯了鐮刀煞。此煞令住宅成員容易發生血光之災，開店的不容易聚氣，因而經常破財。要化解此煞，可在大樓前沖煞方位放置石敢當，或放上化煞龜殼及兩串銀元錦囊。

⒀ 割腳煞

　　一般而言，住宅附近山清水秀固然好，但是，過於貼近河川大海，卻犯了割腳煞。這樣會使宅運不長久，反反覆覆，財氣難聚。要化解此煞，可在住宅旺位放置銀元錦囊，或在近水窗口放置一隻蟠龍。

⒁ **廉貞煞**

在風水學上，若屋宅能依山而建，就形成有利的背有靠山風水格局。但是，若住宅大樓後方靠著的是怪石嶙峋、寸草不生的窮山，那就未必是好，這犯了廉貞煞，作為靠山的上司或者長輩容易為難自己，而部屬也多陽奉陰違。對此，經常拉起窗簾，並在沖煞之方位每個門窗上，各放置一串白玉六帝銅錢或銀元錦囊便可化解，若情況嚴重者可再加上一對貔貅。

⒂ **反光煞**

若住家長時間受到附近大樓玻璃反射光線，便犯了反光煞。

此煞使家庭成員容易碰傷或犯血光之災，要化解煞氣，應盡量關閉窗簾，同時換上反光玻璃，再加一串白玉六帝銅錢便可。

⒃ **刀煞**

若住宅面對著一些招牌或者刀狀的物體，即成刀煞，住宅成員因而容易發生血光之災，破財也容易，如要化解，可加放風水龜，配上一串白玉六帝銅錢或銀元錦囊便成。

⒄ **槍煞與暗箭煞**

在「Ｔ」字形道路末端或是死巷末端，一般俗稱路沖之所在，一直望去，道路彷如一支長槍迎面射過來，如對準大門的就叫槍煞，若對準住宅後面或側面的則稱為暗箭煞。無論是槍煞還

是暗箭煞，都會使宅運不濟，住宅成員容易發生血光之災，開店的則財運不聚。要化解這兩種煞氣，可放置風水龜加上一串白玉六帝銅錢，或者放置一對貔貅或一對銅獅子。

(18) 樹撞煞

顧名思義，即是與樹有關的。若住宅門前有一棵大樹，就叫樹撞煞，這會導致住宅成員容易發生車禍，身體虛弱，或是官司連連。要化解此煞，只需除大樹便可。但是，在下面的情況，這些樹不可除：如果前方有刀煞、槍煞、暗箭煞等，而門前又有樹叢生長茂密，則大樹並無煞，反而具有化煞的作用，除樹便破壞了它的功效。

(19) 三煞

若住家流年三煞方位有人動土，便犯了三煞，這在風水學上屬無形之煞，會使家庭成員容易生病，只要放置一對黑麒麟，面向三煞方位或放置龍龜神獸便可化解。

(20) 五黃煞

若住家流年五黃方位有人動土，就犯了五黃煞。要化解此煞，可放置化煞吉祥物來保平安，包括把一對貔貅面向五黃方位，或五黃方位放置化煞銅葫蘆或者銅製風鈴，宜採用金色、銀色、銅色，但如五黃煞在東北方時，則注意不可採用風鈴來化煞。

(21) 踏空煞

在風水學上，最忌諱懸空不實，但在寸土寸金的今時今日，許多大樓在設計上都用到盡，除了向高空發展之外，向橫向下發展都不足為奇，但亦會由此而生出一種煞氣，就如踏空煞，是指住宅剛好在騎樓之上的煞氣，而住宅樓下長期閒置，無人居住也可稱為踏空煞。此煞會導致家運不濟，家庭成員精神不甯，而在踏空之上就最忌作臥室。要化解，可在屋宅放置二枚銀元，情況嚴重則需放六枚。

(22) 白虎煞

若住家右方興建或拆卸樓宇、馬路、橋樑，便成白虎煞，嚴重者可導致家人傷亡，輕者家人會多病、爭執不和、口舌頻傳、容易破財。只要在該方位放置一對麒麟，如該方位同時犯上三煞或者五黃煞，則要放置一串白玉六帝銅錢或銀元錦囊，再加上對麒麟和銅葫蘆。

(23) 孤峰煞

居住的大樓遠高於其他周遭的房屋便是孤峰煞，凡是住宅犯了此煞，對於婚姻、經濟、社會都容易缺乏安全感，各方面亦得不到朋友的幫助，而且子孫不孝或是移居外地。可在吉位或旺位

放置和氣生財或百子圖化解。

⒇ **高壓煞**

高壓煞是指居住的大樓遠遠矮於其他周遭的房屋，導致住宅成員意志消沉、自我封閉、家運不濟，難得貴人扶持。只要在客廳放置巨型且氣勢雄偉的山水畫作，或在旺位放置六枚銀元便可化解。

㉕ **蟲煞**

若住宅面對建築天線、排水管等彷如一條蟲體的東西，而且對準居家廳門、廚房視窗或者小孩房間視窗，住宅成員便會易惹是非口舌、工作不順，幼兒則容易患腸胃疾病。可在窗口放置一隻銅製公雞化解。

❷在家裏供奉佛像的注意事項

有些人在家裏設有神案座。風水學大師總結了一些佛像請回家以後，應該如何安放才可保平安的基本原則。

佛像請回家後，不管是否供在神桌或書桌、書櫥上，首先應該剪一張紅紙（紅色避邪）（7寸直徑）墊在佛座下，以示吉祥。

佛像如果是以掛圖的形式，應該（選初一、十五，卯時）剪一張百元紙幣略小的紅紙貼在佛祖蓮座上或座位上，以示吉祥。

佛像請回家千萬不可以當貴重古董看待，而鎖在保險櫃內，這樣會使家裏大小不平安。

佛像的質材不必計較，只要莊嚴為原則。

佛像的安放處不要在房間臥室內，以免晚上多夢。

佛像不要一見到就買或請回家，佛像越多，家人的心越容易造成多心。

佛像不要隨便丟棄在不潔淨的地方。

老舊不要的佛像應請到寺廟，或用金

紙一同燒化（初一、十五奉送歸回本位）。

佛像放在車上應面向前方。

佛像不要隨便放在桌內抽屜中。

小佛像如要放在佛堂桌上，應用小盤子墊紅紙。

佛像紙類掛圖，千萬不可捲起來，以免引發你的頭痛。

佛像如有損壞破裂，應該用金紙選擇農曆初一、三、五、七、九日（雙日雙時亦可）在日光下燒化，送他們歸回本位。

佛像的眼神、手指如有損壞應該及時修補重畫，否則家中罹患同樣的怪病（例手指斷亦可用紅紙捲起來接好；若是身上裂開，至少用紅紙貼起來，或剪成手形補好）。

❸在室內擺放吉祥飾物的講究

飾物不僅可以美化家居，有些飾物還帶有吉祥的意思，能增添喜慶熱鬧氣氛。因此，很多人喜歡在家裏擺放一些吉祥飾物。特別是「福」「祿」「壽」三星像，這三個瓷製飾物面目慈祥，放在家中，可添吉祥之氣。其實，「福」「祿」「壽」三星像，除了瓷製之外，也有繪在紙上的三星像。

無論是選擇擺設三星像或三星圖畫，有些事情是特別需要注意的：首先是三星像不可正對大門，也不可正對大窗，最佳位置是對準客廳的主要沙發椅，或面向飯廳的飯桌，換言之，就是家中各人都容易望見的地方；其次是三星像必須保持清潔，切不可任其塵封，掛畫亦要經常拂掃。

其實，除了三星像是吉祥飾物之外，其他如「孔雀」、「鳳凰」、「龍」、「瑞獅」等的圖畫，都是象徵吉祥的飾物，非常適合一般家庭擺放。

另外，有些人喜歡在客廳中擺設虎皮、獸頭、牛角、龜殼、玳瑁殼等；近年來，也有人喜歡掛巨型折紙扇、木刀木叉，甚至大關刀、日本軍刀等，以上這些飾物都是含有戾氣的裝飾品，並非每一個家庭都適合擺放，尤其是對於有孕婦的家庭來說，在家中擺設虎皮更為不利。

⚛房頂不好怎樣改

現在，各地都出現了不少異國情調的房子。這些房子都是以設計為優先，不管所謂的風水好壞。不僅是公共建築物有這種傾向，就是私人住宅，亦不乏這種例子。正因為如此，乃出現了在風水上凶相百出的房子。

尤其是傾斜度很大的三角屋頂，以及一面坡的屋頂，更是常見。本來屋頂很少產生凶相。不過，那是指一般的屋頂而言，像那種變形的屋頂，很明顯的，就是凶相。這是因為它太過於極端之故。長久居住於這種屋頂之下的人，很容易罹患歇斯底里、神經過敏以及憂鬱症。以下是常見的凶相變形屋頂，以及它們的改良法。

三角形的屋頂：三角形而斜度大的屋頂，總是會使屋裏屋外的氣體變得異常。最好在半途切斷屋頂，再建築一個屋頂朝外傾斜。這樣既美觀又符合風水要求。

一面坡的屋頂：一面坡的屋頂有一個缺點，那就是會使太多強烈的陽光進來。也就是說，外氣的攝取會產生偏頗，身體的韻律將趨向於不正常。把

長的那一邊屋頂，從地上提高三米，並在另一方建造屋頂。以三米最為理想。從上面地面伸出一面坡的屋頂太長的話，就需要支柱。

平坦的屋頂：鋼筋混凝土建造的房子，幾乎都是這種屋頂。因為房頂平坦、熱傳導很迅速，因此，屋內會變得很熱，或者很冷，這對健康方面的影響很大。如果是木造的話，那就把基礎升高，也就是說使地面升高。如果室內的壁紙是塑膠的話，那就改為布或者天然木材。假如是洋房的話，也可以把新建材拆掉，弄成木材的牆壁。地面再鋪質地好的木材，感覺上就會完全不同了。

不僅是變形的屋頂，任何形式的屋頂一旦漏水也會變成凶相。在滲漏的階段就得及早地修理。由此不難聯想到，把平坦的屋頂弄個游泳池什麼的，必然也是不吉利的。對於屋頂的顏色也應該注意，如果是別墅的話，就不會有很大的問題，不過，最好別用古怪不入流的顏色，那樣不但風水會受到影響，同時也會受到周圍人惡劣的批評。

☯住宅缺角怎樣改

最理想的屋子形狀,首推六比四的長方形住宅,尤其是以東西方呈長方形的最好。不過現在的房子,總是免不了某一邊凸出,某一邊凹入,這凹入的部分,也就是缺角部分,往往會造成凶相。所謂的「缺角」,乃是建築物的一邊短缺三分之二以內,而呈凹入的部分。凹入的部分越大,運氣越差。

屋子形成缺角,大多是因講求建築物的外觀而形成。此種情形,可依缺角的方位,來決定修補的方法。

東北與西南的缺角,拆除牆壁增建使之成為方角。增建部分可當成房間或儲藏室使用。

東方的缺角最好是蓋上屋頂,增建房間,不過,東的方位通常是用來採光,要做到這種地步實在很難。換句話說,東、東南以及南的方位,通常被劃分為飯廳,以及家人的房間,因此,絕對不能黑暗。這時,可以增建一間日光室,或在離開建築物一公尺外,再建築另外一間房子。最重要的是:新建築的東西必須和缺角一般大小,甚至比它還大一些才行。

東南的缺角處理方式與東方位的一樣。

西方的缺角最好增建為填補缺角的形式,再把它弄平。這是最好的方法。

西北的缺角,此一方位自古以來就被稱為乾位、天位、父位等,興建另外一棟房子,或使原來的房子凸出,都能夠顯現出巨

大的吉相效果。此方位最喜凸出，有缺角的話就不妙了！

❷住宅空間不好怎樣改

在風水學來說，房屋以方正為佳。若是狹長形或不規則形，則被視為不吉。

但現在都市裡的大廈設計是狹長形或是不規則形，一般會因無可選擇而購買下來，但心裏卻始終存有陰影，難以安心居住。首先談談狹長形的廳房。所謂狹長，是指長度超過寬度一倍以上。如長度十米，而寬度只有四米，就為狹長，這樣非但有風水方面的不符理想，而且在室內設計方面也很難處理。在這種情況下，最好的解決辦法，將客廳用矮櫃、電視櫃等傢俱把它一分為二，把長條切割成兩個方形的空間，這不單符合風水之道，而且亦可改變觀感，看起來不再有狹窄的感覺。這樣做，有以下幾點需要注意：

分隔的部分應該盡可能靠近中線，因為這樣分隔開來的兩部分才能會呈現方形，否則便會失去原來的意義。應該儘量用較矮的傢俱來作間隔，例如是三尺以下的矮櫃或電視櫃便更為理想，因為這樣才可令分隔起來的兩個空間聲氣相通。倘若用高櫃或高的板牆來作間隔，這便大打折扣了。用來作為間隔的傢俱要儘量避免對正門。如果這樣，那便會對房中的人不利，特別是在健康方面。故此應該留意不可讓這類矮櫃對著小孩的房門。倘若真的避無可避，便只有在矮櫃旁擺盆植物來作補救了。剛才所提及的是狹長形的大廳，而狹長形的臥室亦可採用同樣方法，把臥室一

分為二。如果躺在床上望著這樣狹長的臥室，便會有孤清冷落的感覺，那些神經敏感的人便會胡思亂想而產生很多的幻覺。但如若用矮櫃把這狹長的臥室分隔為二，一邊作為化妝間或書房之用，另一邊則作為睡覺之用，若在矮櫃上放置電視機，那麼躺在床上還可欣賞電視節目。經過如此改動之後，臥室中不再有空洞無物之感，心理上便覺踏實得多了。

　　有一點請注意，有些用鏡子來作為臥室的間隔，其實這是並不適宜的！倘若鏡子向著化妝間或書房那邊尚無大礙；但若是向著睡床那邊便犯了風水學的大忌，往往導致疾病發生。

一

住宅的選擇

⭕勘察、選擇住房的要點

(1) 看屋的時間：最適合在陽光普照下，可清楚得知宅內外的環境；若在天色昏暗，黃昏或晚上，便難以準確判斷屋宅的氣象。

(2) 在大門觀察：進屋時應在大門前稍作停留，定神觀看宅內的一切環境，進而應注意屋內之光暗、冷暖、聚散等，從而得知此屋是否冬暖夏涼，收「藏風聚氣」之效。

(3) 宅外的形勢：看宅外的山川形勢，是屬於什麼的風水環境。

如外出見山，亦要觀察山形是否長得美麗或是亂石岩……

風水上有云：「山管人丁水管財。」意思是山形秀麗，必出文人雅士；山形壯觀而有氣勢，則出勇猛大將之才；相反，山形平坦無氣勢，則多出缺乏陽剛之氣的男性。

若家宅背後之靠山形狀凹凸不平又多山石，在風水學上便屬凶山，可在窗前掛上厚窗簾以化煞。

在地形地勢方面，要注意：

① 靠山坡營建的房子多為獨棟別墅，講求景觀視野，故房宅背後的地勢宜較高，而前面的地勢宜較低，但地勢較低的前面宜緩降坡，最忌層層下陷、急降坡或懸崖，讓人有一瀉千里的負面感受。

② 相反地，獨棟別墅在前高後低的地勢上建築，最不適宜，若屋宅後方為急降坡或懸崖者更差，讓人產生恐懼感，安

全方面也多顧慮。

③ 前窄後寬或前寬後窄的建築基地，氣勢減弱，給予人不良印象。

④ 建築基地較四周地勢低者，下雨時容易積聚水氣，除較為潮濕外，亦讓人有不開朗的感覺。

⑤ 建築在山上的別墅，本可遠離塵囂享受寧靜悠雅之居住環境，但若地勢愈高愈偏僻，人煙自然愈少，若四周空曠無其他別墅比鄰，這類產品絕非投資保值的優良目標。

(4) 宅的位置：不宜對著醫院、廟宇、消防局、警察局等。

此外，還要注意住宅和道路、河流的關係：

① 屋宅前面的道路或河流適逢「U」字形轉彎處，若屋宅在「U」字弧內者，狀似在護城河內側的城堡，在心理上偏向穩健兼具信心；而設立在「U」字弧外的建築物，狀似被排擠在外，缺乏安穩的感覺。

② 建築物地基呈現三角形，而建築物配合地基建造，也呈現三角形並帶銳角，處於「Y」字形之分岔路口，汽車在屋宅左右兩邊進出，車流過於動亂煩擾，不符合屋宅應四平八穩的原則。

③ 屋宅前面逢「T」字形道路或河流，而屋宅建築於車流或水流縱橫交錯之交匯點，也是過於煩擾動態，不符合屋宅宜四平八穩的原則。

(5) 住宅的氣息：要看住宅的氣息，除了要察看樓宇的外觀，還

要靠個人的感覺，由於小孩的第六感一般都比成年人強，因而很多人會在看新屋時，帶同小孩前往，從小孩的表現來判斷新屋的氣息好壞。如果孩子一踏進屋內便不耐煩地嚷著要走，怎樣也不肯多留，這顯示此屋並非吉宅，不宜居住；相反，若孩子在屋內流連不肯走，這屋定是吉宅。

有時，我們都可憑自己的感覺來判斷屋的氣息。當我們走進一間屋內，裏邊雖然沒有人，但彷彿聽到或者潛意識地感覺到裏面好像有很多人在內，熱鬧一片的，這種氣象顯示出這屋日後一定非常興旺。

此外，若我們在住宅中，好像感覺到有一股黑色的氣體彌漫滿室，這是最凶的，是屋運趨於衰落，禍患將至的徵兆。但是，如果黑色中微微帶出彩色，這是告訴我們禍患將退，逢凶化吉。如果我們感覺到的氣體是白色的，即這家內可能有死亡之事將要或已經發生；若白氣中微帶彩色，則是孝服中將有喜事，是悲喜交集的象徵。至於淡黃的氣，是吉祥的氣息，亦有主財帛的增加。

❷如何解釋「凶宅」

讀過美國暢銷小說《凶宅》的人，一定會被其中驚險怪誕、撲朔迷離的情節所深深地吸引。在國外，「有幽靈出沒的屋子」是小說家和影視作品的極好題材，同時也是旅遊的一個最好去處。

在埃及一座高大的法老墓附近，有一幢「一戰」時期英國軍隊修建的兵營。當英國士兵入住三個月後，就接連有人出現身體顫抖、口齒不清、牙齒脫落的症狀，一直發展到雙目失明，最後全身扭曲一團，在強烈的抽搐中發出悲慘的嘶叫聲痛苦地死去。當地人認為，「凶因」是因為居住者觸犯在地下已安眠幾千年的尊貴無比的法老。

自古以來，有關「凶宅」的傳說也層出不窮，蒲松齡所著的古典名著《聊齋志異》中，有關「凶宅」的描寫更是引人入勝、扣人心弦。那麼，世上真有「凶宅」嗎？

近百年來，有關「凶宅」是否真正存在的爭論，一直是沸沸揚揚、莫衷一是。存在論者和不存在論者，均拿不出讓人信服的證據來證明自己的觀點。然而，現實中最令人感到費解和害怕的是，儘管絕大多數「凶宅」並沒有幽靈的傳說，但一旦有人住進了這樣的屋子裏，卻總是容易遭受不幸，這究竟是為什麼呢？

科學家經過多年研究發現，所謂的「凶宅」的確是存在的，並且可以用科學的原理加以解釋，主要有如下幾種原因。

⑴「凶宅」現象與地質因素和電磁污染有關

歐美科學家經過對「凶宅」長達數十年的科學考察發現，形成「凶宅」現象，多半與不良的地質因素有關。

此外，還與缺乏綠化和環境污染等因素有關。其中最常見的有電磁污染、水污染和大氣污染等。比如，在不少城市中的工業區內，整個地面上都是密密麻麻如蜘蛛網似的地電流穿過，以及局部性的磁力擾動，遍及面更廣。如果在這種的電線與磁力擾動交叉的地方建造住宅，便會導致對人體損害極大的電磁波，輻射到住宅內，造成居住在這裏的人們，產生精神恍惚、驚慌恐怖、煩躁不安和頭疼腦昏以及失眠等症狀。

⑵ 與重金屬、放射性元素有關

科學家們還發現，有些「凶宅」是宅基有重金屬礦脈隱藏，或附近有排放有毒重金屬加工廠的存在所致；還有一些住宅由於地下有一種無色無味的放射性氣體——「氡」，不時地向地面放射，同時通過人的呼吸道進入並沉澱在肺組織中，破壞人的肺細胞，從而引起肺癌以及其他呼吸道方面的癌症。

⑶ 與住宅附近的樹有關

古人為了避免「凶宅」之禍，對住宅建築的選址十分講究。

清代的高貝南曾說過：「欲求住宅有數世之安，須東種桃柳，西種青榆，南種梅棗，北種奈杏。」細究起來，此種說法很

有些科學道理，因為它符合植物學中樹種的生理特性，如桃、柳喜歡溫暖向陽，因此宜栽於宅之東；而梅樹、棗樹樹幹不乾，因此宜種於宅之南；榆樹的枝葉可擋住西曬太陽，故栽於宅之西最佳；而杏樹不喜歡陽光，因而宜種於宅之北面。

又如，榆樹與槐樹樹齡很長，古代民宅的大宅，往往在外宅和內宅之間設中門，並有一天井，天井內種槐樹，一方面能夠綠化，另一方面也能對內宅起到了掩蔽作用，而如果再在宅後栽上常青樹，更可避免深宅大院赤裸裸地暴露在外人面前。

所以，古人在民宅選址上，一大原則就是在住宅的正門前不能種大樹。用今天的科學觀點來看，這裏面包含著一定的科學道理：因為大樹會擋住陽光的照射，使宅內陰暗無光，並會影響屋內的空氣流通，還極易招致雷擊。此外大樹的樹蔭很容易滋生蚊蠅，從而影響宅內主人的健康；大樹還能招來飛鳥前來棲息，而鳥兒落下來的鳥糞也會導致環境污染。古人為了避免「凶宅」之禍，憑著對自然界的樸素認識，在建築民宅選址時的目標是有「紫氣東來」、能「五世其昌」的「吉宅」。

❷尊貴之宅的特徵

(1) 依山傍水

前有小河，後有山坡，為最理想的住家環境。後有山坡當靠山，可以藏風聚氣，地形也是「前低後高」穩如泰山，前面明堂開闊，視野佳，小河彎彎，恰似「有情水」，「曲則有情」不疾不徐，九曲玉帶環抱帶來財富，誠為最宜住家的風水格局，但現今都市要找這種條件的房子非常困難。

還應指出的是，風水學上把水分成死、活兩種水。

活水，指以適當速度流動的清水，有著豐富之生命能量。死水，指混濁、污染、發臭的水，缺乏生命能量，易引導人墮落犯罪。

使用鏡子，便可有效地利用活水，處理死水。例如，調整鏡子角度，把活動河水之流動情況引入室內，是引財氣入室。反之，把鏡子朝向死水，使邪氣反射出去。

此外，還要注意水的形態。究竟樓宇所面對的水是平靜不揚波的湖，還是波濤洶湧的大海？若水流平緩，便是好的風水；反之，若水勢急促，則主財源不穩，大成大敗。由此可知，面水的樓宇，若是所面對的是海，每每波濤洶湧，風高浪急，欠缺祥和之氣，這種海景，除了在風水學上會致財源不穩外，在人的心理中亦會造成影響。由於海浪急，這也意味著風速也急，試問每日身處在凜凜列風之地，耳聽海浪拍打岸邊的聲音，何來安寧可

言？久了也會使人情緒不穩，精神緊張。因此，若要選擇面海的樓宇，當依平靜祥和的海景，才是好風水。

另外，面海的樓宇亦要注意切勿過於貼近大海，若樓宇過於貼近大海，便犯了割腳煞，會使宅運不長久，反反覆覆，財氣難聚，因此要特別注意。

(2) 前有公園

住宅面前為公園，明堂開闊，為最好的選擇。在水泥森林的都市，能找到一片綠地，又是在你家的前面，的確要珍惜。明堂開闊，心胸亦開闊，氣運通暢，能宏圖大展，只要住家格局不差，都能隨心所欲。倘如公園在南面，更佳。但公園不宜荒蕪，任由雜草叢生，則不吉反凶。或太靠近公園，早晨易受到影響，如跑步、早操、土風舞的聲音干擾。也應予考慮。

(3) 左右有靠

居中之大樓，左右均有大樓為鄰，即左右有靠，左右代表貴人，較能得到朋友的支持、提拔，奮鬥過程不會那麼辛苦。左右略微前凸，如同椅子有扶手，自己猶如坐在太師椅上，所以中間一棟形象最佳，前面又開闊，如果後面也有靠山（建物），內部格局不差，則為都市中最好的住家風水。風水學上以自宅向外看，左邊為青龍，右邊為白虎，前面為朱雀，後面為玄武，倘如四方能互應，均考慮配合得好，即屬尊貴的住家。

⑷ **富有生氣**

風水思想提倡在有生氣的地方修建城鎮房屋，這叫做順乘生氣。只有得到生氣的滋潤，植物才會欣欣向榮，人類才會健康長壽。

風水師們認為：房屋的大門為氣口，如果有路有水環曲而至，即為得氣，這樣便於交流，可以得到資訊，又可以回饋資訊。如果把大門設在閉塞的一方。謂之不得氣。得氣有利於空氣流通，對人的身體有好處。宅內光明透亮為吉，陰暗灰白為凶。只有順乘生氣，才能稱得上貴格。

① 風宜柔和。最理想的居住環境應有柔和的輕風徐徐吹來。清風送爽，才符合風水之道。倘若發覺房屋附近風大，十分疾勁，那便不宜選購了，因為即使那房屋真的有旺氣凝聚，也會被疾風吹散。風水學最重視「藏風聚氣」，但風勢強勁的地方肯定不會是旺地！需要注意的是，風過大固

住宅面前為公園，明堂開闊

然不妙，但倘若風勢過緩，空氣不大流通，亦絕非善地！

② 陽光充足。住房風水最講究陽光空氣，所以選擇房屋，不但要空氣清爽，而且還要陽光充足。若是房屋陽光不足，往往陰氣過重，會導致家宅不寧，不宜居住。

③ 地勢宜平。倘若房屋建於斜坡之上，那麼在選購時便要特別小心，因為從風水角度來看，地勢平坦的房屋較為平穩，而斜坡則頗多兇險！

如房屋的大門正對一條很陡的山坡，那便不應選作居所，因為不單家財洩漏，而且還會家人離散，一去不回。

一般來說，斜坡上的房屋易漏財，而斜坡下的房屋則易損丁。房屋位於急衝而下的斜坡底，因煞氣太疾太勁，往往會導致人口傷亡。

❷房屋的外形宜忌

　　在風水學中，是將居屋當做整個人體來看待的。因為居屋之內部，其各個場所出現的各種狀態，都可以反映出居住者身體各部分的健康情況及可能會出現的病症。這裏所指的居屋，並不是指居住者所處的整幢大廈，居屋的形狀如何，是決定著氣在居屋內部之循環流動方向的，而氣在居屋內部的循環流動方向，又會對居住者的身體有著極大的影響。

　　到底什麼樣的居屋形狀會對人的身體造成怎樣的影響呢？我們可從下面的幾個情況去認識。

　　首先，以風水學的原則，從正上方位置來看住宅的形狀，呈長方形或正方形的，四邊沒有缺角，且又左右相互對稱者，則為最理想的住宅形狀。因為這樣的住宅形狀，可以使氣的能量產生平衡的循環流動，便能給居者的身心健康帶來良好之影響。

　　與上述情況相反者，若住宅不規則之形狀者，便會給居住者帶來不良的影響，因為住宅的整個空間就像一個容器，裏面裝滿了能量。無論你把其內部裝修得如何豪華和現代化，但若住宅呈不完整或不規則的形狀，則其內部之氣便會產生停滯或流動無規律，陰陽不平衡等現象，這便當然會極大地影響著居住者之身心健康及日常生活。

　　其次，住宅內部的整個空間，其氣之流動，從風水角度來看，最為理想的是：四面八方都呈現均衡、循環緩和的狀態。如

此情況下的氣，便會形成一個能量的範疇，我們稱這一現象為「氣場」，在風水學上是一件很重要的事。

如果住宅內部是呈不規則的形狀，便無法使氣的能量均衡地循環流動，也就是說，很難出現一個理想的

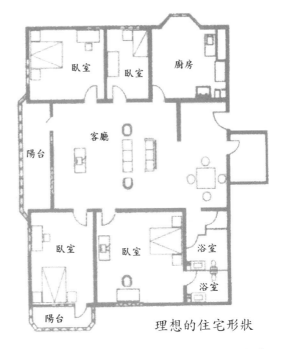

理想的住宅形狀

氣場。儘管能夠勉強形成氣場，也是一個不規則的、變形的氣場。這樣便需要利用風水學的原則來進行修正，使其能形成一個理想的氣場。

❷住房尺寸的凶與吉

住房往往以步代尺,作為長度單位。四尺五寸為一步(按:這是古代的工部木尺,與現代的市尺有別),九尺為二步。一步起為建,二步為除,三步為滿,四步為平,五步為定,六步為執,七步為破,八步為危,九步為成,十步為收,十一步為開,十二步為閉,十三步為建,十四步為除。

這些步子又有吉凶。建為元吉,除為明堂,滿為天刑,平為捲舌,定為金櫃,執為天德,破為沖煞,危為玉堂,成為三合,收為賊劫,開為生氣,閉為災禍。其中,建滿平收黑,除危定執黃,成開皆可用,閉破不相當。

這些步子是怎樣運用呢?凡宅寬,須不犯滿平收閉;宅長,須按除定執開,如果宅居的步數合除定執危開建,則吉祥。

對於住房結構的論述,主要偏重於民間住宅。

住宅基地要前高後低,不宜後高前低,基地前窄後寬,富而貴。基地前寬後窄,錢財少。基地呈三角形,人財兩空。基地四角都欠缺,絕對不能住,住宅基地呈正方形,吉。

❷宅與宅之間的關係

　　風水很講究住宅與住宅之間的關係，有許多禁忌。

　　民間習俗說：「平行幾家建房，必須在一條線上，俗叫一條脊，又叫一條龍，又必須同樣高低。若有錯前的，叫孤雁出頭，屋主會喪偶。若錯後叫錯牙，小倆口會不安。若高低不同的，叫高的壓了低的氣。左邊的房子可以高於右邊的房子。絕不允許右邊的房子高於左邊的房子。俗規是：左青龍右白虎，寧叫青龍高萬丈，不讓白虎抬了頭。在同一院內，即使是自家蓋房子也是如此。否則叫奴欺主。」

　　宅前不宜有無人居的破屋。

　　住宅大門正對別人的屋角，住宅有凶。

　　若別人家圍牆角對自家門，叫泥尖煞。若角對左邊，對男人不利；角對右邊，對女人不利。

❷房間的數目對屋宅風水的影響

在風水學上而言，房間數目對屋宅的風水有著不少影響。

根據風水學，單數的房間數目表示吉利，相反，雙數則表示凶。但是，要注意一點的是，這裏所指的房間數目，不一定是指我們一般所說臥室。因為，根據古書記載，只要是一個有門及四壁的空間，便可稱之為「房」，因此，今時今日的廳、浴室、廚房、臥室、工作房、工人房、雜物房，甚至是衣帽間等，都可視為一房間，歸納在全屋的房間數目內，大家不妨算一算，家中的房間數目是雙數還是單數。

如果家中房間數目不幸是雙數的話，解決方法很簡單，只需動動腦筋，加多或減少一個房間便可，即便是在一角的衣帽間或雜物房都可以，只要是有門及四壁的便算是一個房間。

❷買房時如何選擇好的地段

地段是買家置業需考慮的一個關鍵因素。地段的好與壞，直接影響著日後生活的便利程度以及房屋升值的潛力。說到生活便利，就目前的狀況，無疑要首推市中心。然而，市中心的發展空間已趨飽和，地皮昂貴，房價居高不下，對於工薪一族來說，選擇市區房屋實為力不從心。為此，工薪階層的買家不妨把眼光放長遠一點：把市郊作為折中之選。一來，此類地段目前價位並不太高，交通亦算便利。二來，市中心迫於空間所限，已沒有太多發展的餘地，城市的後續開發必然會選擇市郊。只要看準城市發展的方向，市郊必然會成為升值最快的地區，交通以及生活的方方面面亦將日趨便利。

關於地段的選擇，還有另外一個考察標準，就是周邊的小環境。比如，兩個房地產相隔1千公尺，也許一個嘈雜不寧，另一個鬧中取靜，那麼在買房的選擇上應首選後者；有的房地產雖然緊靠交通主幹道，但要想進出社區卻不容易；有的房地產雖然離市區較遠，卻有專車巴士直達您最常活動的區域，在這兩者的比較中，也許後者會給您的生活帶來更多的方便。

☯佔據社區「最優樓座」

選房時，你可能會非常注意戶型、面積大小等「局部」問題，但房子在樓座中的位置，樓座在社區中的位置優劣卻很少有人考慮。當然，不少房屋銷售時是賣完一個樓座再開一個，如果大樓賣得好，買房人可能沒有「綜觀全局」的餘地，但對於一些中、大型社區來說，上述的宏觀「區位」對居住舒適度、便利度有決定性影響，因此，如果可能，一個佔據了社區「最優樓座」的好房，絕對值得等待。

選房若要綜觀全局，應先從總平面圖或沙盤入手（當然，前提是這個規劃圖和沙盤基本屬實，無欺詐現象），然後綜合以下要素，方能在一個位置理想的樓座中擇得滿意好房。

⑴ 最優位置：東北有遮擋，西南有綠化

一般來說，能佔據最多社區綠化的樓座位置也最好，因為綠化不僅是賞心悅目的景觀，它對隔離噪音、粉塵，製造良好的小氣候（濕度、溫度等）十分有效。（具體到臺灣氣候來說，冬季多刮東北風，暖季多刮西南風，因此，若房屋東北向有建築（其他住宅樓等），西南有大片景觀最為理想，因為冬春的氣流會被減弱；而夏季則涼風習習，不會有憋悶之感，可使小區域形成良好的微循環，提供居住舒適度。

⑵ 注意樓座「出行便利」和「居住安靜」的平衡

　　若家中有需經常出入的上班族、上學的孩子等，應考慮出行的便利度。對於一個中大型社區來說，出社區若需步行5分鐘以上，則會增加不少麻煩，但是，若家庭成員中又包含有老人、孩子等「坐家族」的話，還需考慮遠離噪音。平衡上述兩個問題的辦法是：所選樓座既不能太偏遠，又不能挨著社區道路、地下車位的出入口、地上停車位、地上網球場、學校等，尤其是多層樓住宅。對於高層樓，選擇七、八層以上的房子則可有效地解決噪音問題。

☯選擇最適合自己的樓層

一座大廈的外在環境、山形道路吉者，其住客通常都以吉論。但是由於存在著命相與層數之五行的問題，以及磁場資訊對人體產生的影響，在同一大廈的同一座樓內，不同的樓層，居住者的貧富會有差距。那麼如何選擇樓層呢？

首先我們必須先對天干地支有所瞭解：

甲子年、丙子年、戊子年、庚子年、壬子年，這些年份的生肖是屬鼠，在五行方面屬水。

乙丑年、丁丑年、己丑年、辛丑年、癸丑年，這些年份的生肖是屬牛，在五行方面屬土。

甲寅年、丙寅年、戊寅年、庚寅年、壬寅年，這些年份的生肖是屬虎，在五行方面屬木。

乙卯年、丁卯年、己卯年、辛卯年、癸卯年，這些年份的生肖是屬兔，在五行方面屬木。

甲辰年、丙辰年、戊辰年、庚辰年、壬辰年，這些年份的生肖是屬龍，在五行方面屬土。

乙巳年、丁巳年、己巳年、辛巳年、癸巳年，這些年份的生肖是屬蛇，在五行方面屬火。

甲午年、丙午年、戊午年、庚午年、壬午年，這些年份的生肖是屬馬，在五行方面屬火。

乙未年、丁未年、己未年、辛未年、癸未年，這些年份的生

肖是屬羊，在五行方面屬土。

甲申年、丙申年、戊申年、庚申年、壬申年，這些年份的生肖是屬猴，在五行方面屬金。

乙酉年、丁酉年、己酉年、辛酉年、癸酉年，這些年份的生肖是屬雞，在五生方面屬金。

甲戌年、丙戌年、戊戌年、庚戌年、壬戌年，這些年份的生肖是屬狗，在五行方面屬土。

乙亥年、丁亥年、己亥年、辛亥年、癸亥年，這些年份的生肖是屬豬，在五行方面屬水。

其次我們還必須瞭解樓層與五行的關係：

1樓和6樓屬於北方，屬水。故樓宇的第1層和第6層屬水，尾數是1或6的層面，亦是屬水，如11樓、21樓、31樓等等。

2樓和7樓屬於南方，屬火。故樓宇的第2層和第7層屬火，尾數是2或7的層面，亦是屬火，如12樓、22樓、32樓等等。

3樓和8樓屬於東方，屬木。故樓宇的第3層和第8層屬木，尾數是3或8的層面，亦是屬木，如13樓、23樓、33樓等等。

4樓和9樓屬於西方，屬金。故樓宇的第4層和第9層屬金，尾數是4或9的層面，亦是屬金，如14樓、24樓、34樓等等。

5樓和10樓屬於中央，屬土。故樓宇的第5層和第10層屬土，尾數是5或10的層面，亦是屬土，如15樓、25樓、35樓等等。

樓層選擇

　　五行的每一元素不是獨立存在的，而是互相依賴，也是互相制約的。這就是五行相生相剋的道理，其相生的次序是：火生土、土生金、金生水、水生木、木生火。

　　相剋的次序是火剋金、金剋木、木剋土、土剋水、水剋火。在選擇樓層時應注意：樓宇的五行，對居住人之命中五行，有相生和相助作用的為吉。相反，有相剋作用，則作不吉論。如果樓宇的層數五行生主命，助主命，吉論。剋主命，作不吉論。而主命五行剋層數五行，中等論。

　　還有風水先生認為，你可以根據你的生年屬相定樓層，具體原則如下：

　　凡是1923、1924、1935、1936、1947、1948、1959、1960、1971、1972、1983、1984、1995、1996、2007、2008年所生的屬豬、屬鼠的人，選樓層為1、4、6、9較為合適，包括11、14、16、19和21、24、26、29等等，以此類推；

　　凡是1925、1928、1931、1934、1937、1940、1943、1946、1949、1952、1955、1958、1961、1964、1967、1970、1973、1976、1979、1982、1985、1988、1991、1994、1997、2000、2003、2006年所生的屬牛、屬龍、屬羊、屬狗的人，選樓層是2、5、7、10之數較為合適；

　　凡是1926、1927，1938、1939、1950、1951、1962、1963、1974、1975、1986、1987、1998、1999年所出生的屬虎和屬兔的

人，選樓層為1、3、6、8較為適合；

　　凡是1929、1930、1941、1942、1953、1954、1965、1966、1977、1978、1989、1990、2001、2002年所出生的屬蛇和屬馬的人，選樓層為2、3、7、8較為合適；

　　凡是1920、1921、1932、1933、1944、1945、1956、1957、1968、1969、1980、1981、1992、1993、2004、2005年所出生的屬猴和屬雞的人，選樓層為4、5、9、10較為適合。

　　但是，一家之中可能有幾個屬相，應該以誰為主呢？應該以戶主為主，或者誰出錢誰為主。

◑買房必看的細節

(1) 每間房間的門在開啟關閉的時候是否順暢？有些粗糙的房屋偏偏就是門關不上。

(2) 窗邊與混凝土介面有無縫隙？窗框屬易撞擊處，框牆接縫處一定要密實，不能有縫隙。

(3) 房屋內各處開關窗戶是否太緊？開啟關閉是否順暢？

(4) 帶裝潢的房屋地板有無鬆動、爆裂、撞凹、行走時是否吱吱作響？

(5) 屋頂上是否有裂縫？一般來說，與房間橫樑平行的裂縫，屬眼下的品質通病，雖有品質問題，但基本不妨礙使用；如果裂縫與牆角呈45度斜角，甚至與橫樑呈垂直狀態，那麼就說明房屋沉降嚴重，該住宅有嚴重結構性品質問題。

(6) 屋頂部是否有麻點？如果頂部有麻點，對室內裝潢將帶來很大的不利影響。

(7) 牆身頂棚有無部分隆起？用木棍敲一下有無空聲？

(8) 廁所下水是否順暢？沖水聲響是否正常？沖廁水箱有無漏水聲？

(9) 浴缸、臉盆與牆或櫃的介面處防水是否妥當？

(10) 浴室、廚房內是否有地漏，坡度是否對頭，絕不能往門口處傾斜，不然水要流進房間內。

(11) 試一下房屋內所有的開關、插座及總開關有無問題？各種電

路、閉路電視、電話插座的位置等，也應仔細瞭解。30％的火災是由於電氣事故引起的，這與電氣線路的設置有相當的關係。為了用電的安全和方便，增加回路可以保證電線的使用壽命，減少短路火災事故的發生。

(12) 頂棚有無水漬、裂痕？如有水漬，說明有滲漏之嫌。如果你是住頂層房子的住戶，那麼觀察一下頂層是否滲漏是絕不能忘記的。

(13) 供水管的材質？目前大部分供水管採用銅管。銅管可安全使用50年。銅可以抑制細茵生長，增加水中的銅含量，有益健康。

(14) 試瓦斯熱水器開關是否妥當？

(15) 居室、客廳各種管線是否外露？是否有管線穿過？因為有較多管線穿越居室，會造成裝修困難，也會造成視覺上的障礙，影響整體感。

(16) 自來水水質怎麼樣？

(17) 牆身、頂棚樓板有無特別傾斜、彎曲、起浪、隆起或凹陷的地方？最簡單的辦法是拿手電筒照射牆面和頂棚，有無凹凸一眼就能看出來。

(18) 檢查屋內是否清潔？有無殘留建築垃圾？查看所有可以拆開的空間內是否有垃圾？

(19) 要求開發商出具該樓的竣工備案表和測繪單位實測面積明細表。

⒇ 索取廚衛精裝修物品的使用說明書，同時詢問這些物品有關的保修事宜。

㉑ 檢驗浴室、廚房去水位斜度能否將積水流走。檢驗法：當場倒水檢驗。

㉒ 看房時應帶小電器一個（如充電器等），插入屋內各個電源插座，檢查電源是否已全部接通。

㉓ 看房時應帶直角尺一把，量牆身、地板是否平直。

㉔ 檢查浴缸有否滲水。檢驗法：一些細微裂痕可能難以用肉眼發現。往浴缸放一缸水，並在水平線附近留下標記，第二天再去查看水位，因蒸發作用可能水位會輕微下降，但如果下降太明顯可能就是浴缸滲水。

三

室內的佈局和裝修、佈置

1 臥室

◉影響臥室風水的多種因素

房屋的主臥室，其風水是重要的，它不但關係到個人的健康，甚至與夫妻運及整個家庭的運道有所關聯。因此，戶主選擇臥室時，就要極為小心了。

主臥室最理想是位於「生氣」方，其次是「延年」、「天醫」及「伏位」。這四個位置全是吉位。

我們可以通過一個簡單的方法來選擇主人的臥室，就是主人臥室的房門，不可與大門成一直線。因為任何人進入大門後，只要抬頭望一眼，就可以對主人臥室內的情形一目了然，那就是不妥當的。而其次是臥室門不可與廚房門相對。

此外，在臥室的用品中，亦要稍加留意，一般人都希望其臥室是充滿暖意的，而不是冷冰冰的。因為，如經常睡在充滿寒意的房間，久而久之，會使人的性格變得冷漠，而且必與人諸多不睦，難以相處。所以臥室應該儘量避免用銅、鐵等金屬用品，最好不要用銅床或鐵床。

臥室內光線應該明朗，不可黑暗，心情才會快樂。在日間，必須要讓陽光照射房內，不能長期不見陽光。否則的話，會使人意志消沉，迷糊不清，做事不理智。

臥室空氣應該使之對流，才會健康。很多人習慣把房內的窗戶長關，目的是減少塵埃。其實這會帶來一個很不健康的後果。一方面容易生病或遇病時久病不癒，另一方面會使人做事過於固執，容易在死胡同裏徘徊。

臥室顏色忌五光十色（不要滾花油漆）。臥室內顏色千萬不可漆粉紅色，會使神經衰弱，而且夫妻多口角，因此鬧出悲劇者不在少數。臥室地面應淺色（太深似入地獄）。

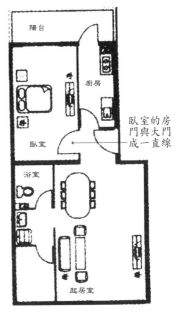

臥室的房門與大門成一直線

臥室的房門，
不可與大門成一直線

臥室地面最好不鋪地氈，容易潮濕生霉氣、傷氣管，尤其鋪長毛氈更不利。

臥室窗口勿掛風鈴，易使人頭昏、心浮氣躁（圓形圖案不吉、圓床不吉、天花板圓形不吉）。

臥房內之衣物、傢俱或擺設，必須整齊，不可凌亂。過期的報紙或雜誌、多餘的小飾物都應盡量清理放好。否則，這會直接影響人的工作秩序，會有本末倒置的現象發生。

◐臥室風水的宜忌

(1) 不規則屋不宜做臥室。不規則的房間不可用做夫婦的主臥房，否則會導致久婚不孕的後果。

(2) 臥室的面積不宜過大或太小。

(3) 床頭上不要有橫樑，即俗稱的「橫樑壓頂」。

(4) 床頭不宜空無一物。

(5) 床頭不宜懸掛宗教文物或消極的字畫；床頭左右角不宜懸掛美女圖像。

(6) 鏡子不宜對著臥室房門而放。

(7) 房門入口不宜安放太多雜物，導致阻塞。

(8) 不宜安放很多金屬用品或假花假草；不宜在臥室內安置魚缸；不宜塞滿古董、傢俱或雜物。

(9) 房門不宜拍到另一小門（如浴廁之門）。

(10) 房門不宜直衝床尾。

(11) 臥房正對浴室門，為門氣犯沖，不宜；浴廁之門正衝床中心或床頭、床尾皆不宜。

(12) 開門見窗不好。

(13) 臥房正對廚房門，為門氣頂對，流年不利；古

云：房門對鍋口，錢財難入手。

(14) 臥房之門最好不要相對，尤其不能偏對，謂之門刀煞。

(15) 臥房窗外見天線及高壓線桿都不宜。

◉選擇睡床的禁忌

床可以說是人的一生中一個最最重要的物品,人的一生有三分之一左右的時間是在床上度過的,所以選擇一個好的睡床,對人的身體健康是至關重要的。在選擇床時,一定要注意以下幾個方面。

一·忌床體過高

床高雖然可以顯得乾淨氣派,但是對人卻是一個潛在的威脅,特別是老年人,太高的床會造成上下的困難,睡覺的過程中,如果半夜起來容易跌下。

二·忌床體過低

過低的床雖然上下方便,但是床太低,床下通風不良,而且,容易接觸和吸取地下的潮氣,造成人體疾病的隱患。

三·忌床墊過軟

人是否睡得舒服,主要是看床墊的柔軟性。據分析,人在仰臥時,脊椎骨在腰部的彎曲以2～3釐米最為適宜,不適當的彎曲,既影響睡眠,也影響體型及身體的發育。一張好的床墊應該是均勻地承受人體各個部位的重量,具有透氣性好、防潮、保溫性高等特點。

床墊過軟,會增加人體腰椎的正常生理彎曲度,使人體脊柱

發生變形，尤其是少年兒童，在身體還未完全發育成熟時，更不可睡軟床，既使是選用席夢思床墊，也應挑選那種比較「硬實」一點的。

四‧忌床墊過硬

　　床墊過軟不好，過硬也對人的身體沒有什麼好處。床過硬，睡著不舒服，不利於人體恢復疲勞，相反還會增加人的疲勞感，達不到休息的目的。

五‧忌床面過於窄小

　　床過於窄小，雖然可以節省空間，但是卻容易使入睡者有委屈之感，伸不開腿，限制了人體的舒展，在緊張中睡眠，達不到休息的目的。而且床身過於狹窄，也容易造成入睡者不小心而落地，或是經常將被子踢到地下。

六‧忌床過短

　　床首先要求具備足夠的尺寸，有一定的寬度和長度。高個子睡短床、胖人睡窄床自然是不舒服。據專家測得，人在夜間熟睡時，一般平均要翻轉側身20多次，睡床若小了，不利於肌體的伸展、放鬆，解除疲勞感。一般來講，床的長度至少要較你的身體長出15釐米，寬度在你雙手墊於腦後平躺時，雙肘貼緊床墊不伸出床外為宜。

❷擺放睡床的風水宜忌

(1) 在佈置方面，睡床前後不能放鏡，亦不可把鏡對門，任何門皆不可；又是否有橫樑壓頂、浴室對床等。

(2) 睡床可放在房門對角線，亦為穩陣位，切不可床對門。

(3) 睡床不宜在橫樑之下。如果一張床是一個人睡的，橫樑無論壓在哪一個部位上，都會影響那個部位的健康。假如是壓在頭部，影響最大，會經常感到頭暈、頭痛，記憶力和思考力減退，令人心緒不寧。

　　如果床是兩個人睡的，除了影響健康運程外，還有礙兩人的感情關係。因為睡床在橫樑之下，人的情性會變得較為暴躁，較難控制自己的情緒，一些本來很小的事情，卻因互不遷就，由小事變成大事。很多夫妻離婚，也是由很小的事情，愈鬧愈大，到最後不能修補裂痕。

補救方法：因為橫樑是建築物的支架，是不能拆掉的，所以唯一能改變的是睡床的位置。只要將床搬離橫樑下，問題便能解決。若不能移床，可安裝假天花板或吊頂。

(4) 臥室門不要對正床頭。從風水學而言，床頭宜靜不宜動，而門口是氣流出入的地方，屬於動態的，所以風水學上有所謂房門衝床頭之說，會導致睡這張床的人心緒不寧。若是男女倆人同時睡在這張床上，更會影響倆人的感情關係，兩者之間會出現感情的風波，若處理得不好，愛侶也很容易反目成

仇。

(5) 床頭不能沒有依靠。床頭最忌無任何依靠，如果床頭不是靠著牆壁或實物，會令睡在此床的人胡思亂想，愈想愈沒有安全感。如果男女同睡在這張床上，會增加雙方胡思亂想的機會，甚至會懷疑對方有婚外情。有時男女分手的原因，並不是什麼實質的東西，只是互相之間的猜忌，演變成相互不再信任，感情便到了盡頭。

補救方法：將床頭貼著牆壁安放，或是依靠在衣櫃等實物上，便能增加雙方的安全感，自然減少互相之間的猜忌，增加感情的穩定性。

(6) 床的上方不可是樓上的浴室或洗衣機所在位置。臥室也要避免位於走道的盡頭。

(7) 床不能擺在窗戶下面，會有失去依靠的感覺。床尾不可正對臥室門。

(8) 吊燈或吊扇不可設置在床鋪的正上方，因為它們會產生「暗箭」妨礙睡眠。

(9) 床單和枕頭套應避免使用三角形或箭頭圖案。因為這類圖案是屬火行，會使臥室陽氣過盛，破壞安詳氣氛。

(10) 床頭左右兩邊不宜有桌角、櫥角沖頭、頸。

(11) 床頭不可放音響、電視。

(12) 床頭巨畫不宜過大。床頭置畫可以增加臥室之雅意，但以輕薄短小為宜，最忌厚重巨框之大畫，否則一旦掛鈎脫落，當

頭砍下，非死即傷，不可不慎。

⒀ 床下宜通風，勿堆放雜物。

⒁ 床頭煙缸，肇禍傷身。全世界的賓館飯店無不嚴禁旅客在床上吸煙，無非是怕旅客醉酒或睡著後忘了撚熄煙頭，發生火災。其實，在自己家中也一樣，不可在床上吸煙。除了火災，在密閉的臥室中吸煙，呼吸二手煙，易得肺癌。

⒂ 不要在床被下鋪上一層塑膠布，這樣其實並不能達到防潮的目的。相反，會造成床被中的水汽無法散去，使得床被出現潮濕而使人生病。

⒃ 南北向睡覺好。床的放置，睡覺時身體順什麼方向是有講究的。一般說來，南北方向睡覺效果好。

　　因為人體經絡（中醫指人體內氣血運行通路的主幹為「經」，旁支或小支為「絡」）遍佈全身，循行方向多是縱向。地球是個大磁場，磁力線貫通南北，掠過地殼，再返回地球內部。只有使經絡循行方向與地球磁力線走向一致，這樣才順應自然，合乎生理，氣血暢通，所以要取南北向睡。這樣，人在睡眠中的新陳代謝低，能量消耗少，可以睡得踏實，深沉而香甜。

　　如果取東西向睡，人體的主要經絡便於地球磁力線垂直，地球磁力線橫向作用於經絡通道，使人氣血難免受阻礙，因而有導致功能失調的可能。

⊙兒童臥室禁忌

(1) 孩子臥室不可設在機器房邊、陽臺底下，設在機器房邊易造成腦神經衰弱。

(2) 臥室進門處不可有鏡子，以免多口舌是非。

(3) 臥室天花板應平坦，以乳白色為佳（暗色為凶）；天花板可裝飾縱橫木條，但不可懸吊各種奇怪飾物。

(4) 臥室光線應該明亮；主色忌粉、大紅、深黑色，以免個性易暴躁不安。

(5) 臥室小，不可裝潢太複雜，使空間看起來大為吉。

(6) 臥室中的洋娃娃不要關、鎖起來。

(7) 孩子臥室牆壁不可張貼太花哨的壁紙，以免心亂、煩躁。

(8) 牆壁不可貼奇形怪狀的動物畫像，以免孩子行為怪異，因有形必有靈，物以類聚。

(9) 牆壁不可貼武士戰鬥之圖，以免孩子心靈上產生好勇鬥狠之心態。

(10) 床位若面向窗戶，陽光不宜太強，陽光太強易心煩。

(11) 床位不可在陽臺上（此即擴建後，小孩床位全部或一部分位於陽臺上），更不宜靠近陽臺之落地窗。

(12) 床位不可在廚房灶臺上下（易患皮膚病及心浮氣躁），也不可在浴室上下。

(13) 床位腳部不宜正沖門（腳易扭傷）或馬桶。

(14) 床頭不可以放答錄機（會腦神經衰弱）。

◉怎樣設置孩子的房間

　　從屋子中心看西北方位，這是一家之主的位置。在西北方位設置孩子房間的話，會使孩子早熟，不利學業。

　　本來，應該是成年人擁有的東西給了小孩子，當然就會變得不對勁了。西北的方位象徵權威、厚重等。住在那個方位的孩子，固然有某些方面的才能，但是，他將變得太老成，而喪失小孩應有的純真，喜歡跟別人講道理，對他的將來沒有半點益處。

　　如果能夠按照理想更換的話，男孩子最好住於東方位的房間，女孩子最好住於南或東南方位的房間。如果連這個地步也做不到，那麼，就叫孩子居住在屬於他十二支方位的房間吧！因為這也是吉相。龍年生的孩子住東方位的房間，鼠年生的孩子住北方位的房間。

　　如果空間有限，不能夠開孩子房間的話，那只好用顏色來補救。孩子房間，不妨改成乳酪色、粉紅色，或者駱駝色的暖色系。灰色或藍色有一種冷森的感覺，不適合孩子的房間。只要如此改變牆壁的顏色，房間的氣氛就會改變過來。

　　對於西北方位的孩子房間，經過了同樣的改良以後，不妨在天花板吊一些燈飾以增加亮度。如此一來，效果會更好。

◐兒童居室佈置法

(1) 兒童居室的傢俱選擇和擺放要科學合理，傢俱尺度要與人體高度相配合。如寫字臺前椅子最好採用能調節高度的椅子，這有利於兒童健康成長，不至於造成兒童駝背、近視，或脊柱側彎；又如床墊對於成長中孩子的姿勢、發育影響很大，孩子年齡小應應選擇硬的床墊，而不要選席夢思之類的軟性床墊，以免影響孩子骨骼的正常生長。

(2) 組合式的傢俱佔地空間小，要儘量利用，這樣可以拓展出足夠的遊戲空間。根據孩子的特點，可將組合櫃的下部設計成玩具櫃、書櫃、書桌，上部作裝飾、貯存用，色彩宜採用明朗豔麗的顏色。

(3) 兒童居室裝飾要有利於創造獨特情趣。牆壁的裝飾一般不要貼壁紙，可根據兒童愛好裝飾圖畫、藝術品和兒童自己的作品。另外，還可貼一些風景畫，掛上一些野外的東西，或幾幅剪貼的動物畫。桌面上可擺放一些實用的工藝品，如枱燈、鬧鐘、筆架等。

(4) 兒童房以能利用自然光與通風良好為佳。如窗戶應大而明亮，儘量不要開空調，以免室內外溫差太大，孩子身體適應能力差容易誘發感冒和其他呼吸系疾病。

◆佈置老年人居室的學問

人在步入老年之後，從心理上和生理上均會發生許多變化。為適應這種變化，老年人的居室應該做些特殊的佈置和裝飾，用來區分年輕人的居室，最好「截然分開」。

老年人的居室裝飾並無定法，但最基本的要求是門窗、牆壁隔音效果好，不受外界的影響，要絕對安靜。根據老年人的身體特點，一般體質較弱，多患有老年性疾病。就連音量很小的舒緩音樂，對老年人來說都是「噪音」，不要說是敲、打、砸及金屬的重撞聲了，更要堅決禁絕，否則會造成嚴重的後果。

居室的朝向以面南為佳，北向次之。東西向夏天酷熱不太適宜。採光不必太多，要通風好，但不能有過堂風。

老年人大多腿腳不方便，在傢俱的選擇時應給予考慮，為避免撞碰，那些方正見棱角的傢俱越少越好。過頭高的一些櫥櫃，低於膝的大抽屜都不適宜。

老年人的床鋪高低要適當，便於上下、睡臥。同時可不至於在剛一睡醒時下床摔傷。

在色彩的選擇上，老年人偏重於形式古樸、色彩平和、沉著的室內裝飾色，這與老年人的經驗、閱歷有關。傢俱的顏色，淺色顯輕巧明快，深色顯沉穩莊重，可由老年人自己選擇。牆面與傢俱一深一淺，相得益彰，對比不太強烈，就能有好的視覺效果了。

從科學的角度看，色彩與光、熱的調和統一，能給老年人增添生活樂趣，令人身心愉悅，容易消除疲勞，帶來活力。老年人一般視力較差，半夜起來較多，晚上的燈光強弱要適中。還有，別忘記房間裏的盆栽花卉，更可使生活其樂無窮。老年人室內的花草，可調節溫、濕度。一般室溫在24℃左右，就不覺潮濕、乾燥了，花木也茂盛。室內還應有防寒、防潮的措施。在花前放一張躺椅或安樂椅、藤榻，更為實用、舒服。

⦿臥室裏擺放電視機的禁忌

現代人生活水準高，物質享受豐富，家中有多台電視實不為奇。放一台在睡房內，睡在床上「慢慢看」實在常見。

城市裡寸土寸金，睡房都不大，如此近距離對著一台有電流輻射的物體實在不好。已有科學證明，床頭放電視染上某類絕症的機率是比較高的。而電流輻射會影響地氣。

如果睡房內要擺電視機時，在風水上要注意什麼？

要留意床頭床尾均不宜擺放電視機。風水師認為床頭及床尾擺電視機，就好似自己睡進墳墓裏，電視機就是墓碑，甚為不吉利。既然床頭床尾皆不宜擺放電視機，那麼剩下來的位置就只有床兩邊，或是床頭床尾的側面位置了，當然是距離愈遠愈好啦！

如果能夠將電視機放在吉位則更佳，這便是從理氣方面推斷了。

➋怎樣擺放梳粧檯

　　梳粧檯是女性「打扮」的地方，究竟要如何擺放才合乎風水原則呢？

(1) 梳妝的鏡不宜沖門，因為在進入睡房時，容易被鏡子的反影嚇壞。

(2) 梳妝鏡不要照床頭，否則，容易發噩夢或精神欠佳。

　　某些梳粧檯在鏡子部分有兩扇門作裝飾，在不需要使用鏡子時，可將其關閉，使用時才打開。而使用此種鏡子，無論怎樣安放，也不怕沖門或照在床頭了。

❷掛鐘掛在什麼方位得風水

　　一般的家庭除了鬧鐘，還常常有幾個掛鐘，看起來非常方便。掛鐘應該掛在房間的哪個位置比較合適呢？有風水師提出了一種各生年屬相的依次排列表和掛鐘的方位：

屬**鼠** / 1924、1936、1948、1960、1972、1984、1996、2008年
　　　　所生的，鐘錶可掛在房間的東北角的北牆上。

屬**牛** / 1925、1937、1949、1961、1973、1985、1997、2009年
　　　　所生的，鐘錶可掛在房間北牆的正中央位置。

屬**虎** / 1926、1938、1950、1962、1974、1986、1998、2010年
　　　　所生的，鐘錶可掛在房間西北角的北牆上。

屬**兔** / 1927、1939、1951、1963、1975、1987、1999、2011年
　　　　所生的，鐘錶可掛在房間西北角的西牆上。

屬**龍** / 1928、1940、1952、1964、1976、1988、2000、2012年
　　　　所生的，鐘錶可掛在房間西牆的正中央位置。

屬**蛇** / 1929、1941、1953、1965、1977、1989、2001、2013年
　　　　所生的，鐘錶可掛在房間西南角的西牆上。

屬**馬** / 1930、1942、1954、1966、1978、1990、2002、2014年
　　　　所生的，鐘錶可掛在房間西南角的南牆上。

屬**羊** / 1931、1943、1955、1967、1979、1991、2003、2015年
　　　　所生的，鐘錶可掛在房間南牆的正中央位置。

屬 **猴** / 1932、1944、1956、1968、1980、1992、2004、2016年
所生的，鐘錶可掛在房間東南角的南牆上。

屬 **雞** / 1933、1945、1957、1969、1981、1993、2005、2017年
所生的，鐘錶可掛在房間東南角的東牆上。

屬 **狗** / 1934、1946、1958、1970，1982、1994、2006、2018年
所生的，鐘錶可掛在房間東牆的正中央位置。

屬 **豬** / 1935、1947、1959、1971、1983、1995、2007、2019年
所生的，鐘錶可掛在房間東北角的東牆上。

掛鐘的位置確定之後，其他鐘錶的位置應以方便實用為原則，視域之內就近擺放即可。至於公共區的掛鐘位置（例如客廳），應以房主的生年為依據，如果其位置並不理想，可以考慮其他家庭成員的掛鐘位置是否合適。

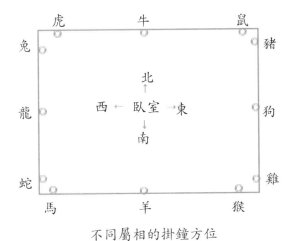

不同屬相的掛鐘方位

●控制好室內的溫度和濕度

⑴ 居室保溫法

⑴ 選擇住宅：如有兩間以上房間，選擇向陽的並接近正方形的房間作寢室，保溫效果較佳。

⑵ 多照陽光：冬天要儘量使陽光暢通無阻地照進居室，可使房間氣溫明顯升高。

⑶ 調節空氣：室內靠近天花板處的溫度要比靠近地板處的溫度高一些，因此要設法使天花板處的空氣向地板方向流動。

⑷ 保持濕度：使室內濕度經常保持在30％～40％之間，可使人的體感溫度增加2℃～3℃。

⑸ 門窗加層：採用雙層門窗可使屋內熱量損失減少50％，使外部冷空氣侵入減少25％。也可在窗框上用圖釘釘上透明的塑膠薄膜，以形成一個隔熱層。至於陽光照不到的門窗，用布簾覆蓋也能達到一定的保溫作用。

⑹ 塞緊縫隙：如果門窗縫隙較寬，可將清漆用毛筆刷在窗或門框的合縫處，然後將窗或閘半開，留出一條空隙，把8毫米厚、10毫米寬的泡沫塑料條塞入縫中，關緊門窗，隔一夜再打開，冬季可提高室溫3℃～4℃，春秋還可防風沙。

⑵ 居室降溫法

⑴ 清理居室物件：夏季來臨應全面打掃居室，把該收的物件

全收入櫥內，還應調整影響通風的傢俱位置，使室內通風順暢。

(2) 置換傢俱：把感覺厚重的沙發換成輕靈質樸的藤具，為現代人的居室平添幾分田園氣息。此外，金屬、陶瓷製品陳列於室內，其質料的冰涼感也會除去不少心頭的火氣。

(3) 採取遮陽措施：應掛上淺色窗簾，或在玻璃窗外貼層白紙，或用百葉窗簾，使室內保持陰涼。

(4) 適時關啟門窗：從上午9時至下午6時關緊門窗，拉上窗簾，可使室溫下降2℃以上；夜間則應打開窗戶，使室內空氣流動，從而降低室溫。

(5) 利用涼水降溫：在地面不斷灑些涼水，讓水吸熱蒸發。有條件的可在屋頂澆些水，能有效降低室溫。晚間在室內盛放一些冷水，也有助於清涼降溫。

(6) 綠化調節氣溫：在居室周圍種植爬山虎等藤蔓植物，可減少陽光直射牆面和屋頂，從而降低室溫。

(3) 居室濕度控制法

(1) 寒冬乾燥時，可在室內燒一壺水，使其始終沸騰，讓水蒸氣不斷散發，潤濕空氣。

(2) 在暖氣片上放個水槽，或經常往地面噴灑清水，都可調節濕度。

●臥室裝修的要領

⑴ 臥室設計佈置法

① 臥室裝飾格調應以色彩柔和、溫馨淡雅為原則。飾面可以選擇在視覺與觸覺上均有一定溫度感的材料，如木質地板、塑膠地板、地毯、木裝修飾面、壁毯等。要儘量避免使用大量的玻璃、大理石等硬質裝修材料，並適當選用一些吸聲材料，如毛毯、窗簾、壁掛等。

② 臥室窗簾有條件的最好設兩層，一層厚些，避免夜間室外雜訊干擾；一層半透明的薄紗，用於白天，起調節光照的作用。

③ 空間大小要適度。天花板離地面的高度不小於2.5米，臥室面積不小於12平方米，稍大一些更好，但房間也不要太大，過分大的空間會使人感到空曠，而失去親切感。

⑵ 臥室佈置之忌

臥室是人們休息和經常活動的場所，在家庭生活裏佔有極其重要的地位。在佈置臥室時，須注意以下幾點。

① 忌給人一種壓抑感。佈置臥室時傢俱在室內所佔面積不宜太大，應充分利用空間，應給人比較充分的活動餘地，不要一進臥室給人一種憋得喘不過氣來的壓抑感。

② 忌缺乏美感。從立體上看，通過各種傢俱的相互配合，給人情感上的一種美的感受，既要使用方便，美觀整齊；又

要具有單純、統一、明朗的格調。

③ 忌用過分裝飾性的材料。本著簡單柔和的原則，室內顏色要單純（多以暖色為宜，常利用中間色配合一些明亮的橙、紅、綠等色），儘量避免床頭上安置大吊燈，壁燈、枱燈的燈形要美觀，光質要優美。

總之，臥室佈置切忌五光十色，光怪陸離，避免破壞安詳的氣氛。

(3) 居室色彩協調

① 色彩與光線的配合：同樣是一種色彩，在明暗不同的光照條件下，會產生差異很大的效果。根據這一原理，居室的朝向不同，室內色調也應有所變化。如門窗向南的居室常有充足的陽光，色調易成自然的暖色，牆面、天花板宜選用偏冷的色調，冬天不會顯得冷清，夏天也不會顯得炎熱。向北的門窗則相反，室內色調可以偏暖一些。

② 色彩合理搭配：房間的牆面、地面、門窗和傢俱顏色合理搭配，可以使居室增色不少，富有藝術韻味。

(4) 拼木地板品質鑒定法

挑選木地板時要注意質料、顏色應一致，邊線順直，大小完全一致，厚薄均勻，無霉變、蟲蛀跡象。最好經過烘乾定型處理，防止因含水分過多而收縮變形。

⑸ **木地板施工品質鑒定法**

① 地面鋪貼各類材料，宜在室內天花板、牆面裝飾工程完工後進行。鋪設木地板、拼花地板面層時，應房間乾燥，避免在氣候潮濕的情況下施工。

② 木材材質鋪設時含水率不大於18％。

③ 地板安裝（黏結）應牢固，無聲響、無鬆動、無空鼓現象。

④ 木地板表面應刨平磨光，無刨痕、刨茬和毛刺等現象。塗清漆的地板其木紋圖案應清晰。

⑤ 拼花地板接縫應對齊，縫隙寬度一致，表面潔淨，無溢膠現象。

⑥ 踢腳板與地板連接緊密。踢腳板上沿要平直，與牆面緊貼，無縫隙。

⑦ 地板應從門口直線向內鋪。地板縫口鑲拼緊密，色澤儘量相近，牆面四邊須留1釐米膨脹間隙。地板應用專用地板釘固定。

⑧ 鋪好的地板必須磨光後才能油漆。打磨地板要平滑，不能出現凹坑或刮痕，角落處要用小磨機打磨。

⑨ 給地板打蠟必須等油漆徹底乾後方可進行。

⑹ **居室燈光選擇法**

① 根據房間大小選配燈光：明亮的燈光適合大房間。狹小的

房間燈光一定要柔和，因柔和的燈光能較好地烘托出整個
房間的氣氛，使人的眼睛在錯覺中忽略了房間的狹小。

② 根據房間的功能選配燈光：如書房的功能就是製造一個溫
馨的讀書環境。因此燈光的選擇應考慮讀書要求，光度適
當、穩定，眼睛才不會疲勞。

③ 根據季節選配燈光：為適應不同季節和環境的需要，可在
房間內裝上兩種不同光源的燈具。例如：白色光偏冷，能
給人涼爽之感。藍色、綠色光會給人一種安靜、舒適之
感；而黃色或橙色為主色調的燈光偏暖，能給人溫暖感。
在燈光配置上，前者適宜於夏季，後者適宜於冬季。

④ 根據使用的要求選配燈光：如是化妝，光線應從兩側照
射，使化妝者的臉部十分清晰；而從上方照射，化妝者眼
眶底下出現陰影。看電視時，較弱的光從電視機旁或上方
對著牆面、地面或天花板照射，可保護眼睛視力，也可避
免干擾電視螢幕。

❷美化居室的基本原則

居室需要美，美的居室能使人備感安逸、舒適和溫暖。像人一樣，經過刻意打扮的居室才能給人美感。然而，人們往往注重自身的打扮，而忽略居室的打扮；或者即便重視了，也不知從何下手，只好「望屋興歎」。

為了使住宅更加健康舒適，就要在美化居室方面費些心思。美化居室有一定的規律可循，但又不是一成不變。您可以根據自己的經驗，參照這一原則，創造自己的小天地。

⑴ 採光、衛生

居室除了做到整潔、一塵不染外，光線充足也十分重要。如果房間窗少，採光不好，應放置淺色傢俱和設置較強的燈光。

⑵ 經濟適用

一切傢俱和陳設，要便利生活需要，空間都要經濟有效地運用，即使小空間也不能讓它成為死角。

⑶ 陳設簡單

室內陳設要有重點，有次序，東西不能太多，否則會有凌亂之感。各個房間東西的放置，應該能夠顯示房間的風格，而不應胡亂堆放，餐廳不應放置工具，臥房不放置餐具。

⑷ **和諧統一**

　　雜亂一定不美，房間傢俱及紡織裝飾品的質料和形狀最好能統一，給人和諧的美感。

⑸ **匹配協調**

　　各種傢俱要有適當的比例，才會有調和感。

⑹ **對稱適度**

　　傢俱放置儘量做到均衡，例如左右兩邊放置同樣大小的沙發，茶壺四周放置適量的茶杯，使人感到協調舒暢。

⑺ **色彩調和**

　　屋子內外，色彩要調和，各個房間有各種使人愉快的色彩，但以不超過兩種色彩為原則。

⑻ **創造情調**

　　能夠創造情調的東西有三種：色彩、燈光和陳設，而燈光是調節室內情調的最好工具。

風水的常識與應用

(9) **錯落變化**

　　房中的傢俱用品雖然儘量做到簡單統一，但是也要有變化和錯雜的配合，如傢俱擺放上的錯落有致，人為造成高低的反差；色彩上的反差等等，才能使人產生新奇的美感。

❷從多角度、多方位來考慮美化居室

居室是一個三維空間，裝飾它比在平面上畫畫更複雜。但居室的佈局具有可動性，可以改觀。如果從多角度、多方位來考慮室內空間、傢俱安排、通道佈置及小品的處理，合理地設計並營造，便可創造出和諧、舒適的居住環境。

先要考慮室內空間的功能，注意它的空間劃分，而不是平面的劃分，因此要考慮垂直面上的處理。對高度不等的傢俱要有不同的要求，居室高可用吊燈，減少垂直面上的空曠與單調感；居室低可用吸頂燈，同時充分利用死空間，擴大活動空間。為避免過多搬動易損壞傢俱，在對居室空間設計時，可按比例做小模型佈局，滿意後付諸實施。

劃分居室小空間主要靠傢俱，一般情況下，傢俱面積佔居室總面積的一半左右，多則擁擠，少便空曠。因此，確定其位置先對各種傢俱按功能分類，按不同的功能，把相輔相成的一類放在一起，如把床和床頭櫃、書桌和書櫃靠在一起。根據使用房間的對象不同，傢俱的長寬高矮應做適當調整，長寬處理不當會影響通道和空間，高矮處理不當則影響立面構圖，高低顯著差別的不宜搭配，其間可放一個中高傢俱協調一下。傢俱的搭配須統一，但又可合理地變化，最好有高低和虛實的變化。在考慮傢俱的色彩時，應先顧及與居室牆圍及室內主調相和諧，傢俱自身的顏色以一種為可，也可適當配一些對比色點綴，但不要太多太雜。如

果以淺黃為主，可用深色和互補色點綴。

居室採用的色彩有個原則：冬天用暖調，夏天用冷調，色調可用窗簾和燈光的烘托獲得。

在裝飾垂直高度時，有時採用對天花板的裝飾來豐富空間感覺，例如吊頂的高差不同便形成兩個空間。對通道和空間要考慮通風和採光效果。

對小品的佈置及點綴作用也不容忽視，在轉角或死角處可放些盆景或插花，在較大的平面上懸掛和粘貼一些書法和名畫。也可利用屏風、竹簾、掛珠、花架等分隔空間，豐富層次感，也可在暗處利用隱蔽燈仿自然光，利用牆面的凹凸做博古架。

總之，居室的美需要合理的設計與裝飾，才能使大家都有一個美好、安逸、舒適的天地。

❷有利於健康的居室的風水擺設

⑴ 光照要充足

這樣宅第風水形成的原因其實很簡單，就是能量不足，而能量不足往往是由於房子在白天缺乏太陽照射，夜晚缺乏燈光而致，如果說臥室常常是缺乏燈光或陽光的照射，就會造成身體某部分不適的問題，要改善這種狀況最好的做法就是，在固定的時間讓燈火通明一下。

⑵ 床頭不要有音響或電器

每個人一天平均睡6～8個小時，如果你的床頭放著音響的話，代表它也在你身旁陪你睡了6～8個小時，床頭音響真的是一個非常不好的床頭擺設，因為愈不自然的東西，應該離愈遠愈好，已經有科學家證實電器會干擾腦細胞的生長！

人體就如同一個電磁場的導電體，因此家裏有太多電器的話，你的體力通常會較容易流失，要時常保持最佳體力的話，應該要把電器儘量往會轉移電磁場的牆壁附近移，讓電器儘量不要在出入動線和生活起居常經過的地方出現，避免你的體力過快散失！

⑶ 利用電風扇來加強空氣的對流

古代人談風水，講的就是平衡能量的作用和風流動氣場的功

用對於人的影響，其中的風強調的是自然風，當然，現在每個人都待在家裏，很難遇到自然風。但是，可以用個小技巧來解決這個普遍的現代難題，就是利用電風扇來加強空氣的對流，引導自然風進來，清空氣爽的環境自然會讓你精神一振，不易患呼吸器官上的毛病。

(4) 養些花花草草之類的植物

植物在家中大概是最合於自然的生物，也是最適合協助居住的人調節氣場的，在風水上，它可以化沖煞之氣，除地磁氣，就活化空間而言，它可以調節室內溫度和活化氣流方向。家裏在適當的地方擺一株生命力強的闊葉樹，對健康非常好。

(5) 丟掉多餘的擺飾

常常很多人喜歡在房間裏擺個海報，買數個堆起來之後不可愛的玩偶，或者是有一大堆雜七雜八的裝飾品。其實，這些東西對身體久而久之就會產生不良的影響，因為擺飾若太多了，除了讓你眼睛變差外，也容易招致其他方面的疾病，原因是氣場阻塞，會讓人抵抗力變差！

❷科學地考慮居室佈置與裝飾

　　一般的家庭進行居室佈置與裝飾時，僅從實用、新穎、美觀上考慮，缺乏科學上的思考，在科學知識越來越普及的今天，這種現象應該改變。例如，市場上出售的書桌和椅子，都是按照人們的平均身高設計的，對於身體過高或過矮的人來說，使用起來一定會感到不舒服，解決這類問題的辦法，就是增強科學頭腦，科學地選購、製作傢俱、裝飾房間、美化環境。

　　選購和製作傢俱應該合乎人體工程學的要求，不能只重視傢俱的品質、造型與色彩，應該瞭解家庭成員的人體特點，要注意對傢俱在人體工程學方面的功能要求，這些要求是：根據人的活動規律、人體各部位的尺寸和在使用傢俱時的姿勢，確定傢俱的結構、尺寸和安放位置。譬如：人在休息或讀書時，沙發宜軟而低，使雙腿可自由伸展；求得高度舒適並解除疲勞。寫字時則應坐在與書桌高度適應的椅子上。若能掌握一些諸如此類的人體工程學和美學知識，在選購或自製傢俱時，才能使功能性、實用性和裝飾性完美地統一起來，這樣不但能加強室內裝飾的藝術效果，且能保證身心健康，避免造成體型缺陷。

　　現代化的城市高樓大廈鱗次櫛比，然而對新建的家庭而言，並不一定能在其中擁有一席之地，有的往往要把新居安置在簡陋的甚至具有種種缺陷的房屋之中。即使如此，其實也不必煩惱，只要加以裝飾，便可使其具有魅力。

一般斜頂的臥室最好配用竹藤傢俱，桌布、椅套等都可用粗織棉布或麻布製品，這種以自然材料渲染出的環境，具有濃厚的鄉村氣息，也是當今世界一種流行的室內設計。如果您的房間天花板偏低，牆面花紋便應以垂直線條為主，室內傢俱低矮些，也可用鄉村格調裝飾。

對於高天花板的臥室，精心佈置也別有一番風味。有些老建築，面積小，天花板高，使人感到狹小幽深。這樣的居室可以在離地2.5米的高處安置幾根橫樑，暴露其自然木紋，並加以彩飾，最好再掛些小綠化物，如塑膠吊籃、葡萄等，若再鋪上幾塊小綠地毯，氣氛更加濃厚。

倘若居室背光或採光不好，可通過巧妙的設計製造一種寧靜的氣氛。主要方法是將四周牆壁塗上偏深的顏色，天花板、地面和傢俱用淺色，燈光可向上和向地面照射，使房間顯得空曠。當然，房間的色彩以簡單為好，通風要好。

在居室安排好趣味和遊戲空間，使其具有個性和藝術性，對豐富兒童生活、開發孩子智力有一定的益處。室外自然條件好的居室，可設法將窗外景色借入室內，或將室外建築材料用於室內，甚至可在牆壁上塗畫綠樹叢林、飛鳥蝴蝶等，使室內具有室外的特色，身居室內，猶如置身大自然中。

在日常生活中，會積累一些器皿，如特殊造型的酒瓶、酒壇、飲料罐等，還有茶具、餐具、果盤、煙灰缸、筆筒、茶葉筒等，它們應該是美和實用的統一體。不能小看這些陳設品在室內

的作用，就是因為有了它們，室內才增加了生活氣息。它們的實用性增強了室內的舒適感，優美的造型是室內很好的點綴。

至於文玩、工藝品和字畫等，則純屬裝飾性的陳設了，它們通過各種風格的形式美，表現出來的理想、趣味、情調，會對人起到很好的陶冶作用。

傳統室內設計的特點，是把人生理想及對理想的追求都融於室內陳設之中，在生活環境中體現理想。這類裝飾中，書法是很好的方法，因為具有其表義性，可準確地表達某種情緒、思想和描繪某種事物及境界，經過精心裝裱，懸於室內，既給人以美感，又使人受到思想啟迪。

追求自然情趣和生機的裝飾物品可採用盆栽、盆景和插花，這些屬於室內綠化的範疇。室內綠化在人工的環境中給人清新的氣息、豐富的色彩，是調整室內造型的理想陳設。

2 客廳風水

➋客廳風水宜忌

　　客廳一般是戶內最大空間的區域，是人們日常的主要活動場所。它彙集了娛樂、會客、休閒的多種功能，並聯繫著與餐廳、廚房、浴室、臥室、書房和陽臺之間的溝通，在這一區域的平面佈置上，要注意各功能區之間不要相互干擾。客廳是最能體現個人特點和裝修風格、層次、文化品味、修養和生活情趣的地方。

　　客廳是每一棟房屋的主體，因此客廳的設計和安放的物件位置，都要特別注意。以下提供幾點供參考：

① 光線要充足，不宜太過陰暗。

② 大門不宜和廚房或衛浴間相對。

③ 在大門進來時，或在客廳最忌看到廚房的爐檯，如果你家正好會看到，可以改變爐檯位置或在廚房門外做一屏風高櫃來擋住。

④ 客廳最好避免會看到所有的房間門，除隱私性較差之外，也會給人一種門戶大開的感覺，讓人有直搗黃龍之意。

⑤ 地板不要高低起伏。

⑥ 對角位置不宜安放鏡子。

⑦ 魚缸不宜過大。

⑧ 不宜懸掛陰性照片；猛獸圖像不宜亂掛。

⑨ 避免於屋內安放人造花草；不宜塞滿古董、傢俱或雜物。

⑩ 注意客廳的財位。客廳為全家人聚集及接待來賓的場所，屬於家庭當中的公共空間、家庭生活的重心，因此，其風水關係著整個家運。

　　一般住宅，如果起居室或客廳設在整幢房子的正中間，這是一種大吉之相，可使家運昌隆。

　　客廳中有一個特殊的方位，關係著全家的財運、事業、名望等興衰，此方位俗稱「財位」。財不能動，因此財位在不動方，通常是在進門對角線的方位。財位處若正好有窗戶，可用內釘夾板牆處理，財位便不致外漏。

❷客廳設計佈置法

客廳的要求是寬敞的環境和較高品質的活動空間，因此應設置在靠近外門的地方。臥室是私生活所在，它要求安靜、隱秘、舒適，因此一般設置在住宅最深的位置。

客廳又稱起居室，許多家庭都將其劃分為起坐區和學習區兩部分。起坐區是客廳的中心，通常佈置在靠近臥室處，它應符合一家男女老幼的不同要求，還要兼顧聚會、娛樂的需要。起坐區應佈置沙發、茶几，還可佈置一個多用櫃架，以擺放家用電器，並可用書畫藝術品、工藝美術品、花鳥盆景等來點綴居室，使室內充滿詩情畫意。具體佈置中，有人採用傳統傢俱作對稱安排，形成與居室相稱的中軸佈置，藉以強調房間的古典風格。在此基礎上若配置傳統的書畫藝術品、磨漆等工藝品，會使室內充滿傳統的藝術美。也有人採用鐵管等金屬傢俱和玻璃茶几，輔以現代壁畫或掛毯，以及新型的室內裝飾藝術品，使客廳洋溢濃厚的時代氣息。

具體可參考如下建議：

(1) 客廳飾面材料的選擇應以典雅大方、寬敞舒適、明快和諧為原則；色彩要儘量和諧統一，不能強調過分的對比；飾面材料要儘量採用耐磨耐用的材料。地面可用地磚、薄板石材、複合地板、硬木地板等。牆面可用塗料、壁紙、裝飾面板、木夾板等。天花板的處理則應儘量簡潔、明快，

不要過於煩瑣、複雜，以免造成居室空間的壓抑感。

(2) 要注重格調的一致。凡是對一個空間進行佈置，首先要進行總體設計，而設計時必須統一於一種風格，要麼採用中式，要麼採用西式；要麼古色古香，要麼現代氣派，不能混集一堂，否則就會不倫不類。如果喜歡中西合璧、古今並蓄者，也必須以一種風格為主調，有主有次，方能相得益彰。根據目前的建築風格和空間面積來說，還是以現代的格調較為合適。因為明快、簡潔的現代風格在小空間裏更為實用，而古典風格的笨重、繁複和遲鈍的缺點，在小空間裏將更顯突出。

(3) 要按功能劃分空間。廳的各個空間一般都負有雙重以上的作用，如就餐區往往又是會客區，櫃子前面既是通道又是活動區，兩用沙發翻下來變成睡床等等。這就要求我們按功能對空間進行劃分，盡量使每一空間擔負更多的功能，這樣就可以最大限度地減少傢俱數量，留出更多的活動空間，避免局促之感。具體有效的方法是將空間進行測繪，按比例縮小，先進行「紙上談兵」多加設想，肯定會找到一個最佳的佈置方案。

(4) 客廳是人們活動的最主要場所，因此必須留有足夠的空間，尤其是充足的走道。就餐廳和會客廳要做到有機分開，中間隔離物，如吧台、櫃，不要做得太滿，要給人隔而不斷的感覺。

(5) 客廳裏傢俱佈置要得當，不宜擺放過多，體積也不宜過大。確定傢俱的擺放位置前，首先要為廳定出一個焦點，這個焦點可以是一座音響組合、茶几、幾棵集聚放置的植物等，傢俱則圍繞焦點而擺放，務求為這個廳區焦點營造一股凝聚力。

(6) 重視座椅的配置。座椅可分籐椅和沙發兩大類。籐椅的選配較易，因其比較通透，而且顏色淺，故不管造型如何也影響不大，但總的來說要避免選用太寬大和靠背太高的。至於沙發的選配就較為講究。首先，造型複雜、粗大笨重的不適用於7坪以下的廳，要選用造型簡潔、較為低矮的沙發，這樣才能增加空間感。如果是4坪左右的廳，沙發最好沒有扶手，這樣可以減少凹凸感，使空間更覺寬闊。如果你準備買一長兩短沙發的話，建議您不如選用L形拐角沙發，因為同是坐5人，但後者的佔地面積只是前者的4/5或更少，所以L形拐角沙發很適合於小面積的廳，而且造型新穎，感覺清新，知己三兩，圍坐傾談，備覺親切。

(7) 客廳牆壁裝飾不可少。根據室內環境、條件選擇一些符合主人身份的壁

掛、壁飾、壁畫來美化客廳。客廳要有良好的照明和光感。天花板要有一個或幾個吊燈（大客廳），沙發旁要設有一個地燈，展示架裏的燈光要能直接照到裝飾物（如古玩、陶瓷製品上），給人一種藝術的美感。

(8) 掛畫應注意比例及美感。有的家庭為了美化，喜歡掛張大畫在廳中，但由於大小不適當，反而適得其反，使整個廳覺得局促了。畫幅太大，在牆中佔的比例過高，造成比例失調。所以掛畫一定要大小適中，也可以用幾幅大小相同的小畫一字排開，或雙排開或不均勻佈置，這樣既有韻律感，又能有擴展空間的作用。

(9) 窗簾的作用不容忽視。現在很多人都只注意到窗簾的實用性，忽略了其裝飾性，隨隨便便地找塊布掛起來就算了，有的即使用了高級的布料，但掛起來的效果卻使人覺得很小氣，其實窗簾的掛法很有講究。除了色澤、材料要配合外，還要注意以下幾點：窗簾盒不要太大，造型要簡潔；最好掛雙重簾，一層薄質，一層厚質；窗簾布要有足夠寬度，要有窗寬兩倍左右，使窗簾能折疊起來呈波浪形，否則平坦坦的毫無生氣；長度不能只及窗檯，一定要長出一尺以上，否則就會顯得小氣，如果能長及地板，則更顯得氣派。

(10) 不要濫用壁紙。隨著人們生活水準的提高，有的家庭貼上了壁紙，但如果壁紙選用不當，那就弊多於利了。因為小

空間對壁紙花樣的限制很大，不能亂用。一般說來，應選用表面光滑，顏色清淡，圖案較小的牆紙；最好用棱形圖案的壁紙，這樣可以使空間有擴張感，切忌用大花大朵的圖案，否則整個空間會有一種壓迫感，而深重的色調和粗糙的表面都會使房間顯得狹小。

☯客廳書畫裝飾法

在房間內恰當地掛置書畫作品，可有效地達到裝飾作用，彌補房間的一些不足。

(1) 橫向懸掛：幾幅比例均勻的字畫橫掛在一起，可使房間顯得視野開闊。

(2) 垂直懸掛：幾幅小型圖畫垂直懸掛，會使室內牆面顯得高些。

(3) 對稱懸掛：與室內傢俱陳設呈對稱懸掛，如在茶几旁邊的兩張沙發上各掛一幅字畫，可增添氣派。

(4) 高度合適：根據居室的高度而定，書畫的中心一般離地面160公分為宜，橫幅字畫可略高；但最高不宜超過室內傢俱的最高處。

⦿客廳視覺擴大法

　　小房間利用色彩、佈置，通過視覺誤差，使之擴大：

(1) 巧妙利用鏡子：鏡子不僅能使居室光線明亮，而且還可使房間顯得格外寬敞。例如，空間不大的廳堂，如果利用鏡面和玻璃的反照作用，在側牆裝鑲鏡子，視覺上就感到所處空間擴大了許多，置身其中，自有一番情趣。

(2) 巧妙利用色彩：一是可以利用牆飾色彩視差調節空間。比如壁紙貼好之後，再從地面至180公分的高度，由重至輕噴塗些與壁紙顏色接近，但深於壁紙的顏料，造成至上漸漸遠離的效果。二是牆、天花板、地板，包括窗簾、傢俱顏色宜淺不宜深。深顏色會使居室顯得狹窄；顏色淺，會產生視覺舒適感，無意中擴大了視覺空間。

(3) 巧妙安置傢俱：房內傢俱式樣要簡單、小巧。比如沙發就不要選擇三人沙發，而選擇兩人沙發；沙發式樣也不要選擇密封式的，最好選擇露出沙發腳的。因輕巧靈便的傢俱佔用空間較小，在視覺上就有一種空間擴大的感覺。

(4) 巧妙利用線條：如你的房間短，可在牆壁的下部裝一組橫線條，這樣看起來房間會長一些；如房間太矮，在兩邊牆壁上裝上直線條，房間就會顯得高一些。

☯天花板壓抑感避免法

　　為了避免天花板過「重」所產生的壓抑感，在裝修天花板時，要注意以下三點：

(1) 層高在2.6～2.8米的房間，天花板裝飾圓弧高度不要超過10公分。

(2) 居室天花板的裝修裝飾色彩宜輕勿重，不能深於四壁顏色，淡色會給天花板增高了的視覺感受。

(3) 層高不高的居室裝修應以平頂型為宜，不作裝飾，在照明上裝設一盞主燈。層高較高的居室裝修應做兩層或兩層以上的層次，照明燈只裝置於兩個層次之間，以間接光為照明方式。

❷客廳花木佈置法

客廳是居家的主要活動場所，用樹樁或樹石盆景及五針松、君子蘭等佈置，可顯得明朗高雅、氣魄雄健；臥室供休息用，蘭花、夜來香等更顯清幽恬靜，使人安寧；陽臺和庭院則可兼收並蓄，種植不同品種的花木，使家中四季常青、時時有花。

客廳不同花木擺設的位置可參考如下建議：

大型盆栽植物，如巴西木、春羽、假檳榔、香龍血樹、棕竹、南洋杉、蘇鐵樹、橡皮樹等，可擺放在客廳入口處、廳角落、樓梯旁；小型觀葉植物，如春羽、金血萬年青、彩葉芋等，可擺放在茶几、矮櫃等處；中型觀葉植物，如棕竹、龍舌蘭、龜背竹等懸掛植物，如假堤、常青藤、鴨石草等可擺放在桌櫃、轉角沙發處。

3 飯廳風水

⚫ 飯廳的風水宜忌

現在的家居設計好像沒有專門的餐廳區域，只不過是廚房門外的自然延伸部分，或是客廳外間的區域，完全是敞開式的，有的把酒櫃和吧台也設計在這裏。餐廳在家居中好像也沒有必要專門設計一個封閉式的房間，融合在公共區內就十分方便。餐廳的平面設計與佈置，應該充分考慮到人體流動的空間尺寸和擺放碗櫃、冰箱、桌椅的距離尺寸，一切都要佈置得方便合理，同時注意餐廳向其他區域的過渡空間要自然流暢，不要干擾其他區域的活動與通行。

(1) 現今的住宅，多數是沒有客廳飯廳之分的。如客廳飯廳是相連的話，所在的方位，也有吉凶之分。以風水學的觀點來說，東南方有「辰巳黃金水」之稱，飯廳如設在這個方

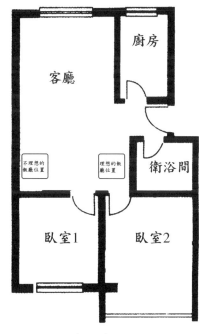

飯廳的吉凶之位

位，有家運興隆的吉兆。但是，西南方位則屬凶相，因此，不宜把飯廳設在這個方位。

(2) 吃飯時情緒要穩定，在不受人打擾的情況下用餐。餐廳影響人的健康與否，因此，餐廳的格局、擺設佈置也必有其禁忌之處。

① 餐桌不可正對大門，若真的無法避免，可利用屏風擋住。

② 餐廳不宜在廚房內，宜分開。

③ 餐廳不宜在進門處。

④ 餐廳光線宜柔和。

❷怎樣選擇飯桌的「形」

　　至於講到吃飯，一張別緻又實用的飯桌是不可少的。風水大師認為，飯桌最忌四邊有角。西式長方桌不適合作為飯桌之用的，尤其四角起尖角的長方桌更為不妥。若是一定要用西式長方桌，起碼要選擇有四隻圓角的，這樣才比較符合趨吉避凶之道。

　　具體可參考如下建議：

(1) 圓形：圓形的飯桌最適合一般家庭使用，因其有一團和氣之效，而且更象徵著彼此沒有身份高低的界限。一家人互相容易溝通和交流。

(2) 長方形：長方形的飯桌多是被中富或以上的家庭使用，又或會因宅內飯廳面積所限制而使用。不管是什麼原因，用長方形飯桌的家庭，是很容易有主客之分，亦即一家之主的地位會較為突出和明顯。在情感的溝通和交流方面，亦會很容易出現一種指導或命令式的現象。

(3) 正方形：正方形的飯桌一般很少人採用，有的或因有別的其他特別用途而合併為一，例如：

麻將桌與飯桌並用。用正方形飯桌家庭，各成員會很容易產生一種對立和鉤心鬥角的衝突，而且還會有各自修行和各懷鬼胎的現象。況且，正方形只能容納四個人，這又會帶來一種冷清和孤寡的感覺。

(4) 橢圓形：使用橢圓形飯桌的家庭，家中的成員會很容易組合派別，或分裂而形成一股相爭的力量。最好忌用，尤其是大家庭。

(5) 多邊形或不等邊形：這只會出現於某些特別遷就宅內面積而使用的，也可以說是極為罕見，用此類型飯桌的家庭，多會有飄忽不定的事情，家中各人亦會聚散不定和不團結，甚至容易有精神分裂的情況。

⊙創造家庭進餐環境的氣氛

用餐區的佈置既要避免空間過於封閉，又要求顯示出它的圍聚性。餐廳應以餐桌為中心展開設計，可利用天花板與地面的高低變化來確定用餐空間，造成視覺上的重點，例如：將餐桌上空的天花板局部升高或降低，形成室內用餐的虛擬空間，或用造型優美的吊燈形成用餐中心，還可選擇靠近餐桌的牆面加以點綴裝飾。牆面裝飾的方式很多，可按自己的興趣選擇一件壁掛、一幅圖畫、一個掛盤，或一件木雕等，給壁面形成色調柔和、溫暖的一片色彩，無形中烘托了餐廳的氣氛，給空間增添了生氣。

餐桌的大小配置要與環境相稱，否則，過大的餐桌會使空間產生填塞感、擁擠感。餐桌桌面應是較耐熱、耐磨的材料，餐椅必須舒適，餐桌椅的高度配合須適當，高桌矮椅或矮桌高椅均應避免。餐桌椅的造型形態，對進餐環境氣氛格調的點綴是很起作用的：只塗透明漆、顯現天然紋理美的原木餐桌椅、藤竹餐桌椅等，散發著自然、淳樸的氣息；金屬電鍍、配以人造皮革或紡織品的鋼管傢俱線條優雅、靈活，帶有潮流感，突出表現的則是質地對比美的效果；深色硬木製作的高檔餐桌椅，則顯得典雅、大方、氣韻深沉，富有濃郁的東方情調。在選配使用餐桌椅時，應注意鮮明的特徵和協調的韻致，切不可東拼西湊，紊亂而不成體統。

瑰麗多姿的餐桌布不但能保持桌面的清潔，而且能給餐廳增

添不少風采，它的選配主要應考慮與餐具色彩配合上的協調與襯托關係，例如：餐具為淺色的，可配以中深色調的桌布，餐具為深色的，則桌布宜選用淺色或中色調的。杯、盤、碗、碟、刀、匙、筷等的式樣，在選配時也應儘量與環境相呼應，例如：具有現代感的用餐環境，就不宜配置古香古色的餐具。在節日或家人生日的餐宴上，還可以利用餐巾加以點綴，以增添豪華、喜慶、歡快的氣氛。

用餐區除了配備餐桌椅外，食品櫃、餐具櫃、冰箱最好也設置在餐桌附近，一方面在使用上很方便，另一方面櫃內的酒具、茶具等，還可以達到裝飾用餐區的作用。玻璃水晶製品的晶瑩剔透，黑陶、紫砂等陶器的粗獷、質樸，瓷器質地的潤澤、細膩，都會將用餐環境裝點得更加豐盈多姿。

地面是餐桌椅的背景，在選材與選色上也不可等閒視之。

應使之相互襯托，相映成趣，例如：在紅色地面上就不宜再放置紅色餐椅，在花色的地毯上也不宜再鋪設帶鮮豔圖案的臺

布，否則會造成視覺上的雜亂無章之感。

　　燈光、燈具都可為用餐區增添裝飾性的效果，用餐區的燈光光色以暖色為好，可使用餐氣氛更為親切融洽，無論選用吊燈或吸頂燈，都應避開刺眼的炫光。

4 廚房

☯廚房的風水宜忌

(1) 不規則的房間不可做廚房。不規則屋如用來做廚房，會影響家人健康，不規則屋只可用來做儲藏間用。

(2) 廚房應該設立在宅的南方，其次是在東方或東南方。切忌設立在北方或西方和西北方。

(3) 廚房最好在宅內。由於廚房也是象徵性的財性，全家人身體的補給站，溫飽一餐之源的地方。因此，廚房位置應在宅內，才有整體之感。不宜設在宅外，或設在另外凸出的一間房間，或將廚房設在後陽臺加建部分（下面懸空）。

(4) 廚房內切忌有衛浴間，或廚房門與衛浴間門相對。廚房是烹調食物的地方，而衛浴間容易滋養細菌、污物，如果兩者相對的話，就會影響衛生，損害家人的健康。

(5) 廚房內的光線要充足，最好陽光能照射。

(6) 廚房內的空氣要流通，除了抽油煙機外，還需有排風扇，這可使空氣流通和廚房內的溫度降低。

(7) 廚房內要保持清爽，不能濕氣太重。

(8) 儘量避免廚房門入口正沖灶口。

(9) 灶頭上要有足夠的空間和高度，不可太過壓灶。

⑽ 抽油煙機最好選用隱藏式、低噪音、勤換洗。

⑾ 廚房門不可與大門相對。

　廚房為一家財富所在，大門為理氣的入口，是家人、朋友進出的地方。大門正對廚房門時，會使廚房對外一覽無餘、財氣盡露，而導致家庭財務困難！

　廚房中的各種菜刀或水果刀不應懸掛在牆上，或插在刀架上，應該放入抽屜收好。

⑿ 廚房切忌在主人房的隔壁。

⒀ 廚房的溫度忌太熱：溫度太熱的廚房會導致家人的脾氣猛烈而容易生口角衝突，必須要有適當大小的排風扇。

✷營造出良好的廚房風水

　　就風水而言，廚房具有一些先天的缺陷。廚房和浴室等大量用水的區域，被視為住宅中較不吉利的房間，而其所在位置的吉凶，經常會左右家運的興衰。

　　廚房在洗滌和烹調食物的過程中，會用掉大量的水，而水正是財富的象徵，所以不利於財運的蓄積。但是另一方面，廚房和浴室又具有壓制凶方煞氣的功能。所以將廚房安置在無關緊要或凶方，反而對居住者有利。

　　那麼，如何調整廚房的位置和廚具的擺設，去除其不利的因素，營造出良好的廚房風水呢？

⑴ 選擇好廚房的位置

　　風水師通常會建議將廚房安置在家長本命卦的四個凶方，有助於壓制凶方的煞氣。爐火所產生的陽氣可調和凶方的穢氣，改善其風水。廚房也應位於住宅的後半部，儘量遠離大門。

⑵ 瓦斯爐安放得體

　　水槽所產生的水汽，與瓦斯爐的火氣是相衝突的。所以瓦斯爐不可與水槽或冰箱對沖。瓦斯爐也不可緊鄰水槽。瓦斯爐也不宜獨立在廚房中央，因為廚房中心位置火氣過旺，會導致家庭失和。瓦斯爐也不可置放在水槽和冰箱之間，雙水夾火會不斷有禍

事發生。

另外，瓦斯爐的進氣口，位於點火開關的後方。爐口應盡可能朝男主人或女主人的生氣方。

炊具不可放在窗前或窗下，否則就會使家庭無依無靠。

⑶ 廚具擺設考慮吉方

如果用到微波爐或電鍋，應置於你的四個吉方之一。電鍋和微波爐的插座也應位於吉方。同樣的原則也適用於烤麵包機和悶燒鍋等。

⑷ 將廚房的一角當成用餐區

廚房有水火相沖的情況，但是如果能平衡二者，做到水火共濟的局面，則可促進廚房風水的合諧。

在風水上，廚房被定義為屬陰的區域，是儲存食物，而不是全家人經常使用的地方。然而，如果將廚房的一角當成用餐區，即可增加廚房的陽氣，使廚房陰陽平衡。

⑸ 化解煞氣

炊具不可放在樑下。如果無法改變爐位，可在樑上用紅繩懸掛兩支竹簫，化解煞氣。炊具也不可沖到櫥櫃或桌子的尖角，或是正對樓梯。

⑹ **刀刃不外露**

廚房中的各種菜刀或水果刀不應懸掛在牆上，或插在刀架上，應該放入抽屜收好。廚房內也不應懸掛蒜頭、洋蔥、辣椒，因為這些東西會吸收陰氣。

⑺ **旺財旺運**

為了招來財運，冰箱不可空空如也，米缸也要隨時補滿，象徵家中衣食無虞。用紅包袋裝三個銅錢，放入米缸中，有招財效果。

○灶位（相對於現代廚房）的禁忌

灶位不可沖門與沖路，口舌是非多。

灶位不可壓樑，全家不安（頭上發熱）。

灶位不可與冰箱對沖，冷熱不和（易流產）。

灶位不可與衛浴間門對，藥瓶不離。

灶位不可沖牆角，腰酸背痛（背後有門來沖亦同）。

灶位後面不可沖他人之屋角（流鼻血不止），心臟病。

灶位兩側不可沖門，灶下不可放醃漬物。

灶台不可安放於陽臺上（上空下空）。

灶台不可安放於水缸旁邊。爐灶不可直接與水槽相鄰。爐灶用來生火、烹飪，水槽則是用來蓄水、洗碗，兩者不宜相連，中間應有料理台隔開，才不會水火相沖。

灶台不可放在化糞池上。

灶台不可放在水溝上面（穿腸，財來財去）。

灶台不可放在衛浴間之通水管上。

灶台不可背靠衛浴間（即人向衛生間壁）。

灶台不可面對衛浴間之馬桶。

灶台不可暗對衛浴間內之馬桶，雖然隔牆亦不可以。

灶台不可正對房門（尤忌老人房）。

灶台不可與神位對沖（是非多）。

灶台應安於藏風聚氣之處。

灶台不可與屋子相背坐（反背，即人面向屋外）。

灶台面應向屋人，主家人和協同心。

不用之舊灶最好拆除，家中比較平安和睦。

灶位儘量不要安在屋內正中央。

灶位應該安放與屋向垂直或平行，忌安放斜向。

爐灶後方不宜空曠。因為空曠容易招風，使火苗不穩定，這樣會影響到財運，尤其忌諱爐灶後方有窗戶。

放置爐灶的位置還有一點要注意的，若在廚房中，有窗子是面向西的，當太陽下山時便會出現西斜現象，若西斜的陽光能透過該窗戶而射到爐灶上，那你就一定要把那窗戶封上一些，直至西斜陽光不宜照射在爐灶上為止。

❷安裝抽油煙機最得風水的原則

抽油煙機的功能是通過扇葉的轉動，把室內的污濁空氣抽出室外。這樣，我們得出兩個性質，第一是「動」，這自然是因為扇葉的轉動；第二是「氣」，因為它有辦法把室內的氣息抽出室外。在玄學中，「動靜」和「氣學」是兩項極其重要的理論，這兩種理論如果把握得宜，甚至可以把人的運氣改轉過來。

在風水學上，「動」屬陽，有「開展」、「奮發」、「加強」等意義，於是很多風水師都會利用「動」的東西，去增強某一方位的力量，例如魚缸（魚和水都是會動的東西）、有鐘擺擺動的鐘等。由此而推論，抽油煙機的「動」很合符風水「動」的原則，因此，抽油煙機的位置必須放在住宅內的吉方，例如八宅理論中的「生氣」、「延年」、「天醫」等方，或是九宮飛星中「七赤」、「八白」的旺方，這樣，上述吉方的力量便會因抽油煙機的「動」而加強；相反，抽油煙機如果放在「絕命」、「五鬼」、「六煞」等方，或不幸放在「五黃」、「二黑」的煞方，被增強的便是煞氣了。

不過，安裝抽油煙機大部分是在廚房，所以我們可以利用較簡單的風水原理來擺設。

這理論大抵是以「氣動」為本，既然抽油煙機有「氣動」的作用，那麼便應該把它放在可以增加吉氣的地方。風水學上有所謂「左青龍」、「右白虎」、「前朱雀」、「後玄武」之說，也

可視作環境學的一種。如果我們面向對著門口的牆壁，那麼門口左邊的牆壁就是「青龍」方，主吉；而門口的右方便是「白虎」方，主凶。

於是，假如把抽油煙機安裝在「青龍」方，便能夠增加「青龍」方的吉氣。

❷廚房裝修的要領

(1) 如何充分利用廚房

　　對一些家庭來說，廚房是住宅的重要組成，它不但是我們烹調、洗濯、貯存食物和用具的地方，也可兼做飯廳。

　　所謂設計良好的廚房，不一定必須裝飾昂貴的彩色地磚和配置精美的櫥櫃，如果你將廚房的佈置，經過周密的計畫後再進行材料的選擇，就能使廚房整潔漂亮。設計廚房的時候，首先要考慮好烹調食物的地方；其次是牆壁、地面及工作臺的裏面，所選用的材料務必要耐久易洗，貯放物品的地方倒不必太多，整個廚房的佈置要吸引人，讓家人喜歡進去。憑藉優良的設計，我們可以將太寬、太窄或不良形狀的房間，改變成很好的廚房。只要精心構思，就能有效地利用空間。

　　廚房裏操作的地方，主要有工作臺爐和水池。設計時要注意爐灶與水池間必須與工作臺相連，不宜有缺口和障礙。在佈置時不一定非要沿牆面作一字排列，如果利用好角落作「L」形排列更好。比較狹窄的廚房甚至可以考慮依三面牆壁作「U」形擺設，水池和灶台之間，行動應不受阻礙。水池、灶台和冰箱是廚房裏最基本的設備，它們之間的距離應周密地設計好，太遠和太近都會妨礙廚房內的工作。

　　廚房設計中易被忽視的一件事，就是工作臺的高度。要根據自己的身高及工作時的舒適感選擇，購買廚具時應考慮到高度，

如果廚具本身有腳架的話，可適當地加以調整。

一旦決定了工作臺的高度及爐灶、水池的排列方式，第二步便要考慮如何利用剩餘的空間。如果廚房狹小，可以在工作臺邊的牆上加裝櫥架，甚至設計一個小型的櫃檯，再配幾把圓凳，便構成了簡單方便的餐區。

廚房的色彩可使整體改觀，因此要很好地配色，均勻地噴塗。一些操作和貯藏物品的地方，可以利用箱子和餐桌，或用自製的廚櫃加以修飾。

(2) 廚房設計佈置法

一般家庭的廚房面積只有1～2坪，在這樣大的廚房中佈置傢俱和用具，應最大限度地利用空間。寬度窄的廚房，可一字形單排佈置；寬度大的廚房，可利用牆面放置傢俱和用具。現代廚房應盡可能採用組合式或折疊式傢俱，還可利用材料製作一些吊托和擱架。在爐灶上部設置排氣罩或視窗上裝配排氣扇，可淨化廚房空氣。

在設計廚房的時候，要注意以下幾點：

① 選好材料：廚房裝潢材料要選擇不易污損，容易清洗，耐水、抗熱的材料。如經過防火檢定的塑膠地板、塑膠壁材、瓷磚、石棉板等，都是較理想的材料，可根據需要選用。

② 選好造型：廚房造型有多種多樣，裝修時可根據各人的愛

好和廚房大小、位置進行選擇。常見的廚房造型有四種類型：L形廚房，將冰箱、水槽、爐具合理地分配成三角形，以便同時讓兩個人一起輕鬆工作，很適合目前的小廚房。U形廚房，利用廚具環繞三面牆，櫥櫃較齊全，適合2坪以上的大廚房。島形廚房，除了廚具以外，多了一個大型料理台，猶如小島般與四周牆壁分開，方便多人同時操作。一字形廚房，對廚房空間而言，一字形是最不經濟的一種形式，現已過時，很少有人家採用。

③ 選好色彩：廚房裝飾要盡量選擇相同或相似顏色的裝修材料。譬如廚房的天花板刷白色塗料，那麼牆面貼磚也要用白色的，地面則選用帶較多白色成分的灰白色防滑地磚。不宜用有立體感圖案，或者是明暗對比強烈的地面裝飾材料來鋪設地面，那樣容易使人產生地面高低不平的錯覺。

④ 精心規劃：應根據廚房面積，使用的灶具、餐具情況，精心進行佈置。如水池應在廚房內的一角，灶具宜放置在避風的地方，烹調工作臺應安排在水池和灶具之間。碗櫥等應採用多用櫥、懸掛櫃，這樣佔地面積小，貯存量又大，且使廚房整齊方便。靠窗的

餐桌旁宜裝捲簾，用餐時放下，捲簾可增強清靜感等。

⑶ 廚房地面、壁面宜鋪設瓷磚

大片瓷磚接縫少，表面容易清理，不易滋生病菌，符合衛生健康。

⑷ 廚房宜保持空氣清爽

在廚房烹飪時容易產生廢氣、油煙，最好的方法是裝設抽油煙機，好保持空氣清爽。

⑸ 廚房宜採用歐式櫥櫃

歐式櫥櫃能整齊地收納廚房雜物，使廚房保持清潔。

⑹ 廚房檯面選購法

廚房檯面應根據需要選購：

① 不銹鋼檯面：不銹鋼檯面比較漂亮，但耐磨性能不好，容易發毛，油膩不容易擦掉，價格又貴。

② 木質檯面：外面必須覆蓋防火貼面板，其優點是：價格低，耐磨，不起毛，容易去除油膩。

③ 石材檯面：石材檯面美觀，耐用，防水，不導電，缺點是硬物撞擊後容易留下刻痕，也不及防火板易去除油膩。

(7) 廚房台櫃安裝品質鑑定法

① 先畫好設計圖再施工，不能光憑經驗和感覺施工。

② 台櫃的臺面寬度應不小於500毫米，高度宜為800毫米（包括臺面鋪貼材料厚度）。瓦斯爐台高度，不應大於700毫米（包括臺面鋪貼材料厚度），寬度不應小於500毫米。台櫃底板距地面宜不小於100毫米。

③ 採用細木工板製作的台櫃及門扇，或混合結構台櫃的門框、門扇應以榫連接，並用膠料黏結，用膠楔加緊。

(8) 瓦斯管道施工品質鑑定法

① 管道排列合理。牙螺紋深度適中，排列整齊。

② 熱水器進水口、瓦斯進氣口均應安裝閥門。

③ 熱水器等器具安裝平穩、安全，操作方便，點火正常。

(9) 脫排油煙機安裝法

① 安裝高度適中，一般以0.6～1米為宜，因為太高吸煙效率減低，太低影響燒菜。

② 排放煙道拐彎要少，並要短一些，不能太長。

③ 注意安全。排油煙機外殼要接地。另外，可在廚房外安裝一個開關，以防瓦斯洩漏時直接開排油煙機開關引起廚房內氣體爆炸。

◑如何美化廚房

廚房，是家庭中的食品加工廠。這裏的氣氛應該是熱烈而清潔的。一般的家庭往往忽視廚房的環境裝飾，也不太注重廚房的整潔與擺設，鍋碗瓢盆亂扔，加上油煙、灰塵、污垢，廚房經常是整個家庭中最髒最亂的空間。其實，只要我們進行必要的調理歸整，並給予適當的點綴裝飾，廚房是同樣可以美化的。

決定廚房空間設計的有：家庭成員的多少及年齡層次；廚房用具，如洗滌、調理、烹飪、配膳用的構造及其效率；食品、食事器具的儲存空間；廚師（主婦或他人）的活動空間。

按實際所需的空間面積來看，廚房面積的標準應在1~2坪比較合適。廚房的位置在房屋裏一般是固定的。有與客堂間，也就是就餐、會客用的生活間相連的；也有與便於洗衣、打掃衛生等家務活動的衛浴間緊鄰的。

(1) 廚房和客堂間相結合

廚房、用餐室、會客室三合為一的設計，較為經濟、方便，適合現狀。

(2) 合理的廚房傢俱設計

食品加工的品質與效率，除了主要取決於廚師的技術外，還與廚房的設備、傢俱等密切相關。廚房，作為家庭食品加工廠，

傢俱設計應符合炊事操作順序，避免凌亂。

(3) 廚房的美化要既簡單又實用，因地制宜

廚房窗臺上的一串辣椒、一串大蒜瓣，既標明了家庭成員的口味，做菜時的必需，也豐富了色彩。另外，油鹽醬醋、瓶瓶罐罐的東西易雜亂，不好美化。可用碗櫥、食品櫥或帶門的壁櫥和吊櫃等傢俱遮掩收納。僅選一兩件精美的炊具，放在顯著的位置，就達到簡潔、美觀的效果了。

再有，廚房的牆壁也可掛瓷盤，或草編托墊和花色美麗的餐巾，這樣就更好了。

像廚房和就餐室合二為一的，可在餐桌上放一支造型漂亮的空酒瓶子，裏面再插一枝花，這樣就能為餐廚空間增添不少情趣。

5 書房

⊙書房風水宜忌

　　書房並非所有家居都有條件設置的，一般的書房會與辦公室兼用。書房需用的除書架外，可能還有博古架、檔櫃什麼的。書房中應以寫字臺或辦公桌為中心，配以辦公用品如電話、電腦、傳真機和紙張筆墨。書房的位置很重要，但不在於其面積大小，它與其他功能區的搭配也不那麼重要。

　　書房應注息事項：

　　(1) 書桌不可正對房門。

　　(2) 座椅不可壓樑。

　　(3) 書桌不宜太靠近臥床。

　　(4) 坐位不宜背對著房門。

　　(5) 書房垃圾宜勤清除，避免玷污文昌。

　　(6) 書房光線宜亮。

　　(7) 書房不宜擺玩具、玩偶、掛明星畫像。

　　(8) 書桌宜保持整齊清潔，桌上亂心亦亂。

　　(9) 書房門不可對衛浴間、廚房。

◉如何選擇書房的方位

有風水師提出，書房應選擇在房間中的文昌位。

文昌位依房子坐向決定：

坐向	文昌位
坐北朝南	東北位
坐南朝北	正南位
坐東朝西	西北位
坐西朝東	西南位
坐東南朝西北	中宮位
坐西北朝東南	正東位
坐西南朝東北	正西位
坐東北朝西南	正北位

也有風水師提出，可以自己的出生年份定書房位置。例如：

凡是逢〇年出生的，書房應設在西北方，包括1930、1940、1950、1960、1970、1980、1990、2000年的。

凡是逢一年出生的，書房應設在正北方，包括1931、1941、1951、1961、1971、1981、1991、2001年的。

凡是逢二年出生的，書房應設在東北方，包括1932、1942、1952、1962、1972、1982、1992、2002年的。

　　凡是逢三年出生的，書房應設在正東方，包括1933、1943、1953、1963、1973、1983、1993、2003年的。

　　凡是逢四年出生的，包括1934、1944、1954、1964、1974、1984、1994、2004年的，書房應設在東南方。

　　凡是逢五年出生的，包括1935、1945、1955、1965、1975、1985、1995、2005年的，書房應設在正南方。

　　凡是逢六年出生和逢八年出生的，包括1936、1938、1946、1948、1956、1958、1966、1968、1976、1978、1986、1988、1996、1998、2006、2008年的，書房應設在同一個方位：西南方。

　　凡是逢七年出生和逢九年出生的，包括1937、1939、1947、1949、1957、1959、1967、1969、1977、1979、1987、1989、1997、1999、2007、2009年的，書房應設在同一個方位：正西方。

　　如果您所選擇的戶型正好與您的生年不配，您可以從寬考慮，把您妻子或丈夫的生年、兒子或女兒的生年一併考慮，總有一個方位正好合上。如果有一個能合上，將對大家都有利。

◐怎樣佈置一個書房

隨著時代的發展，人們的文化素養不斷提高，在家中看書學習的機會越來越多，因此，在佈置房間的時候，更加重視書房或學習角落的佈置，下面就佈置書房的一般方法介紹一下。

如果你的住房面積比較大，有2.5坪以上的房間單獨作為書房的話，是最合適不過了的。在專用書房中，除了設置書桌、書櫃外，還能放得下具有其他功能，如休息、娛樂性的傢俱。佈置這類房間時，首先應該在採光條件較好的窗戶旁確定書桌的位置。絕大多數人用右手拿筆寫字，所以當人們坐在書桌邊看書寫字時，自然光線或人工照明光源應從左上方投來，也就是說，應使窗戶在書桌的左前位置，而檯燈也應放在書桌的左側。書寫用的燈光宜採用間接反射光，避免點光源的炫目。另一種佈置方法是把書桌的前面緊靠窗下牆，同樣能獲得滿意的光線。當窗戶面對或斜對房間的進門時，用這種方法還可以消除門口或門外有人活動時，對人的影響，可以讓他安心地集中精力學習或工作。這能滿足對學習環境更高級的要求。如果書桌緊靠窗佈置，一定要有窗簾相配，以便在白天遮擋陽光的直射，保護讀書寫字人的視力。

書房的另一個牆面或角落裏，則安排一排書櫃，書櫃附近可放一張軟椅或沙發，便於隨時坐下閱讀、休息。軟椅或沙發邊要配上光源，可用落地式柱燈，也可以用壁燈，使閱讀時的光線不

至於太暗。

有些2坪左右的小房間，可佈置成具有單一書房功能的環境。除靠牆一側陳列書櫃外，可以在窗下放個L形書桌，它的優點是工作面積大，用地緊湊經濟，配上轉椅，學習環境舒適。另外，電腦越來越普遍，因此，選擇L形書桌也便於電腦的安置位置。

在你佈置的書房裏，還要注意建立優雅的視覺環境和聽覺環境。因而有必要在書架上留出一些位置，放一、二盆散發出清香的花草，在書桌邊上貼幾張充滿鄉土氣息的風景照片。當然，也可以根據自己的職業、興趣愛好，在牆上掛設玩具、工藝品等，使學習環境顯得有個性，對主人更有親切感。但是，工藝品不要擺掛得太多，否則會分散學習時的注意力。另外，巧妙精心地排列書架上的各種書籍，同樣能得到好的裝飾效果。對知識份子家庭來說，更應該努力佈置好一個書房，創造良好的學習、工作環境。

6 廁所和浴室

⊙廁所和浴室的位置

一間住宅，其衛浴間的位置，在風水學上也是非常重要的，一般來說，衛浴間不宜設在住宅的中央，這是大忌，也可以說是大凶，最好的位置是住宅的凶煞方，以污氣及穢氣來壓制凶煞，那麼全家就可以平安大吉了。

衛浴間不宜設在接近大門入口的位置，因為一間住宅的大門是帶動地氣入屋的地方，如果這個位置與衛浴間接近，那麼，地氣一入屋便被衛浴間之陰氣滲透，然後再傳入屋內，這樣便會影響室內的風水。

除此之外，衛浴間亦不宜與大門相對，因為這樣除了犯了以上的風水禁忌外，亦犯了門沖煞，導致宅運不

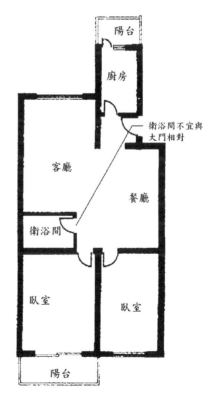

衛浴間不宜與大門相對

好，住宅所住之人財運也較差。

另外，如果臥室與衛浴間相鄰，而床頭所靠的牆壁被馬桶沖著，便會引來頭部疾患，只要將睡床移到另一方位，把床頭與床尾換轉，以及時常關閉衛浴間的門，便可化解大部分的兇氣；此外，也可在這面牆壁上掛上一個小型的羅盤來化解。因為羅盤可以擋煞，在易理上，宇宙任何物質，都脫離不了陰陽、五行、八卦之理，而羅盤上有這些內容，因此，無論任何不同的五行，陰陽之煞氣遇之，都能被其收錄、攝製。

為節省空間，現代房屋設計大多會把住宅的廁所和浴室建在一起，但從傳統風水學的理論來看，浴廁是水積聚的地方，若彌漫過多的濕氣，會影響人體健康。而水停滯不動就是濁水，濁水會影響愛情、工作運勢，所以浴室要有窗戶，讓陽光、空氣可以進到浴室內，並將過多的水汽蒸發去除；沒有窗戶的浴室則一定要有排風機去除水汽，才能提升運勢。

浴廁地點宜隱蔽，且置於凶方，忌壓在吉方。除此原則外，西方是落日之處，對家庭主婦的運勢有強大影響，適合當做出口和廢物排除處，是樓梯和浴室的理想位置。顏色選擇以白色或金黃色為宜。

至於房屋中央的方位，非常不適宜設置浴廁，因為濕氣與穢氣都會囤積在家中，對家人的生活會有不良的影響！

東方是太陽升起的方位，應把房間騰空，保持樸實的基本佈置，適合作思考的房間，不宜做浴室。與此方位協調的顏色是淺

藍色與青色。南方具有開運積聚善氣的作用，不宜為浴廁。如果沒有改建計畫，宜以原木風格輔以大片葉子的植物盆栽，以改善運與氣。北方也不宜作為浴廁之用，裝飾以暖色調為主；若已是浴廁位置，可以栽種暖色系的花朵以提升運勢。

　　一般來說，浴廁的空間都不會太大，打掃也不會太費事，所以一定要注意浴廁常保持清潔、乾爽，並注意空氣的流通，如此才是最佳的居家開運方式！

❷衛浴間方位不良的改造

　　在住宅的風水上，為了使衛浴間不至於帶來凶相，最好把它設置於西北、東南，或者東的方位（從房子的中心看）。同時，必須避免與男女主人生年相沖的方位（例如卯年生的人，必須避開東的方位）。可見，衛浴間的安置，確實是極為困難的一件事。

　　如果衛生間在北方或者東北的方位的話，必須把它移到別的方位去。一提起改良或是移開衛浴間，很多人都會說：「沒有空間，實在很難以辦到。」事實上，衛浴間佔的空間很小，只要有改良的心，移到別處，當然不會有多大困難，做起來或許比想像中簡單許多。只要避開北的中心15度（子的範圍）。東北方面，則只要避開北東15度（丑的範圍），以及東北中心15度（艮的範圍）即可。就算整個衛浴間都位在北或東北的方位上，只要馬桶的位置偏離這些15度的方位就行。如果馬桶位在這個範圍裏面的話，則只要移動馬桶即可，不須改建衛浴間。

　　假如衛浴間的隔壁是壁櫥或者儲藏室的話，那就比較好了。充其量，只要把兩者對調就可以了。由於建築的條件不同，有時簡單的工程根本無法移開衛浴間。此時，不妨照我前面說過的，更換一下馬桶的位置。

　　移動馬桶時，不妨在衛浴間內開一窗戶，每天都放一小碟食鹽在那兒，再放一小盆植物，借植物的綠色能源與食鹽，來化解

衛浴間的凶相。

除了北、東北方位之外，西南方位的衛浴間也屬於凶相。如果要移動的話，只能從西方移動到西北方。而南方是採光的方位，衛浴間若佔據這個方位，就可能會影響運氣。

移動衛浴間的位置，絕對不能使它與神壇為鄰，否則的話，將變成凶相。其實，容易被衛浴間的凶相波及者，乃是一家之男女主人以及老人。因此，除了北方以及東北方位之外，只要拿主人夫婦的十二支來檢查衛浴間的位置，然後加以改良就可以了。

❷廁所和浴室裝修的要領

⑴ 注意衛浴間的美化

按照通常的觀點，人們對衛浴間的美化往往忽視，其實衛浴間和廚房同是房屋的臉面，潔淨、高雅的衛浴間會提高整個房屋的格調。

由於衛浴間內濕度較高，因此對室內裝飾材料的選擇十分重要。器具及地面、牆壁的材料多採用冷色調，使之具有清潔感，有的也偏於豔麗，使其脫俗並有華貴的意味，譬如白色的瓷磚、淡綠或藍色的浴缸，淡粉或淡黃的牆，這種低彩度、高明度的色彩組合，易得到統一的整體色調，加之以各種小器具的色彩和小飾物，更會增加生活情趣和室內氣氛。

室內裝飾材料應採用瓷磚、塑膠牆紙、大理石。為避免室內水汽凝結、使空氣暢通，一般可裝飾抽風機（排風扇）。燈具要注意防濕，白熾燈照明為好。若有小型梳粧檯，鏡前可用螢光燈照明，便於化妝，也可使衛浴間顯得溫暖、寬敞、清新。

室內的電源開關、插座，一般應安置在浴室外，以免漏電。安置了熱水器的衛生間，應防止瓦斯洩漏。地面也應選用防滑的材料。

有浴缸或淋浴的衛浴間，應注意地面略向排水方向傾斜，易於排水和清潔，衛浴間內的飾物，以瓷或塑膠的為好。

另外，衛浴間內應設置垃圾箱或紙簍，廢物勿丟入馬桶內。

也可在洗臉台或梳粧檯上放置一自動香水散發瓶，使衛浴間更加溫馨。

(2) 衛浴間設計佈置法

① 衛浴間濕度大，一定要選用防濕性能強的材料。如地面宜用地磚、花崗岩，牆飾材料宜用瓷磚、大理石，天花板宜用塑膠板材、玻璃、半透明板材等防水防污的材料。

② 衛浴間牆壁材料、衛生潔具的顏色，一般多採用冷色調，例如，牆上用白色、淺白色的瓷磚，浴缸是淡綠或藍色的，具有清潔感。衛浴間牆壁、衛生潔具也可選擇華麗的色彩，使其具有富貴的感覺。但要注意相互協調，總體風格上要保持一致。

③ 為避免室內水汽凝結，保持空氣暢通，衛浴間應盡可能裝排風扇或其他交換空氣的設備，這樣有利於人的健康和牆面的保養。

④ 衛浴間的地坪應略有斜勢，儘量向排水口傾斜，有利於室內排水。

(3) 衛浴間視覺擴大法

很小的衛浴間不妨利用視覺變化來擴大空間，方法是：

① 採用大色塊裝飾，即用白、紅、黑大色塊分割。白色瓷磚牆壁、浴池和洗臉台與紅色的浴簾、黑色的天棚和毛巾架

映襯，讓人的視覺並不感到擁擠。柔和的燈光通過洗臉鏡散射，可使浴室充滿舒適和溫馨之感。

② 在衛浴間安放兩面大鏡子，一面貼牆而立；一面鏡子斜頂而置，不僅能遮住樓上住戶的下水管道，也使空間富有變化。黑白、絳紅色的牆磚與白色潔具、黑色大理石洗臉台面映襯，形成強烈的對比，通過大面積玻璃的反射，足以讓人對衛浴間產生「擴大」的視覺效果。

⑷ 衛生潔具安裝法

① 衛生潔具與進水管、排污口的連接必須嚴密，不得有滲水、漏水現象。坐式馬桶的安裝，應用油石灰或矽膠黏結嚴密。

② 浴缸下水應對準下水管，並做好密封，不能用塑膠軟管連接。淋浴龍頭應安裝在水口的同一邊，冷水在右，熱水在左，龍頭位置應端正。

③ 洗臉盆（水槽）安裝應端正，冷熱水管接頭應安裝在洗臉盆下方，冷水在右，熱水在左。

⑸ **燃氣熱水器安裝法**

① 熱水器必須安裝在浴室外通風良好的地方。

② 熱水器應安裝在操作和檢修方便，但不易被碰撞的地方，在熱水器的兩側應留出20公分以上間隔，以利防火和便於操作使用和維修。

③ 應裝設排煙管，煙管與天花板之間的距離應大於20公分；熱水器煙管應伸出戶外，煙管要有防風帽。如果熱水器需要安裝在可燃燒的壁面上，必須設置隔熱反射板或防火板以保證防火安全。

④ 在選擇安裝地點時，還需考慮自來水壓，如自來水壓過低，則會由於水汽聯動閥的保護作用，使主燃燒器不能正常工作。安裝熱水器的地方還應遠離易燃及危險性物品。

⑤ 使用合格優質的減壓閥及燃氣膠管；按照熱水器下方貼紙提示，正確安裝進冷水管和出熱水管以及燃氣入口接駁。

⑥ 熱水器的上部30公分處，不得有電力明線、電器設備及易燃物。熱水器與燃氣表、瓦斯台、電器設備的水準淨距應大於30公分。直排式熱水器的排煙口與房間天花板的距離不得小於60公分。

⑦ 熱水器的安裝，必須由經過專業訓練人員進行，經驗收合格後才能使用。

⑹ **燃氣熱水器安全使用法**

　① 使用前，先檢查有無漏氣、漏水現象。如發現不正常現象
　　應立即關閉燃氣總閥門，通知瓦斯公司或專業人員進行修
　　理，切莫勉強使用。

　② 使用時，勿全部關閉室內窗戶，熱水器應與浴室間隔開，
　　不要堵死牆上的外孔，保持窗戶與牆上外孔空氣對流。

　③ 為了安全使用熱水器，不要私自拆卸熱水器，較長時間不
　　用熱水器時，應關閉瓦斯閥門。

7 門

　　門，是家與社會的區隔，也是家的顏面。房屋建築在地面之上，氣從門口進入，就好像是一個人的嘴巴、鼻子一樣，是飲食呼吸之處，其重要性可想而知，因此門戶的方向，就是進氣的方向，至於自家大門、房門的設計，門的大小應適當，太大或太小都不理想，屋大門小謂之閉氣，主病，屋小門大謂之洩氣，退財，就是不論其是否生病、退財，居住起來也覺得不舒適。要配置適當，才是吉宅。

❷門的方向

八個方位都代表著不同的幸運：向北的門能使業務興隆，向東北的門代表能在智慧學術上有所成就，向東的門能使家庭生活良好，向東南的門有利財運，向南的門易於成名，向西南的門能得到佳偶，向西的門能蔭及子孫，向西北的門則利於向外發展。此外，如想改變門的方向，除了大加改裝之外，其實還有一個簡單的方法，就是在門內加置屏風，以改變門的方位。

☯門的設計

　　大門乃住宅納氣之口，宜整潔明亮，不宜堆積雜物，以免阻礙氣運。兩扇門可直接互為相對，但不應重疊正好相對，重疊而平行的兩扇門應該避免。兩扇門相對，設計稍有出入，這會損害健康事業和家庭和平。兩扇門相咬，會使家人常常發生爭吵。如果人經常面對開門見牆，或遠遠可看到另一房間的情景，則會擾亂人體內氣的流通。大房間應開大門，如臥房、起居室或客房，小房間應該開小門，如浴室或廚房，因為大門會壓小門，如果浴室的門太大，會發生健康及品性問題，並會使家人得消化不良症。

●門的風水

(1) 安裝大門時，必須看清楚木紋是順生或是逆生。通常由下至上生的紋是順紋，由上至下生的紋是逆紋。順紋門使家宅安寧暢順，逆紋門使家宅反覆多變和不暢順。

(2) 門的高度要合乎比例。通常以七尺為標準。大門高度不可太高，猶如監獄大門（若太小則閉塞，百事不順旺氣不進來），是凶相。太高的門會使人做事失去理智和貪婪虛浮；太低的門使人做事失去信心和諸多挫折。

(3) 屋內的門儘量避免門對門。這樣會形成此消彼長的情況和容易有口舌衝突。

(4) 內大門之顏色最好清潔光亮，忌暗色。在獨立的一扇門上不可有兩種或以上的顏色，否則，這會令人有一種散漫、反覆之效。

(5) 儘量避免在屋內有圓拱形的門。圓形代表動，家居則宜靜，因此是大大不宜的。況且圓拱形亦似墳門，十分不吉利。如為美觀，可改用方拱。

(6) 大門應向內開而不能向外開。因門主進氣，若門是向外開的話，那樣就會把屋內的祥和之氣送去，這主失運、破財。

(7) 外大門之方向絕對不可順水流，否則必破財連連。外大門顏色忌用深藍色（最忌）、黑色及紅色，乳白色為佳。

(8) 大門面對虎頭不利：辦公室或商店的大門，不能正沖虎頭或

煙囪,所謂「虎頭」是指另一座建築物的尖角,或者是特殊的建築物,如果大門或主窗剛好正對牆角或突出的建築物,就好像正對一把尖刀,這當然十分不利。

(9) 大門前忌有垃圾:大門的進口正方前後,不可擺放任何雜物或垃圾,否則,這會使宅內的人易生疾病和做事不利。

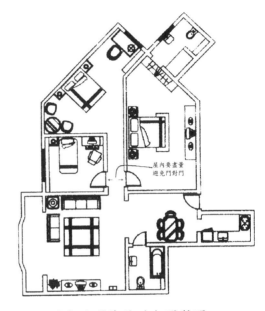

屋內要盡量避免門對門

屋內的門儘量避免門對門

❷前門方位不好的改造

在所謂的住宅風水裏，前門是最能左右一家主人運氣的地方。

前門是否吉相，將大大地左右薪水階級的升遷及事業前途。由此可見，所謂的前門，並非只具有進出屋子的功能而已。這也並非表示，前門一定要把它弄得很大，或者把它裝飾得富麗堂皇，不過，使它成為吉相，總是要下一番工夫的。

前門絕對不能在西南方位的鬼門方向（從屋子的中心看），一旦處於此位，就會變成凶相。一家人的想法就會缺乏周詳的考慮，輕率地答應幫助別人自己無力辦到的事情，或者在衝動之下，從事莫名其妙的勾當。結果，當然會導致工作失敗，信用掃地，運氣衰退。同時，很容易受欺騙，屢次上別人的當。這是因為位於西南方位的前門，很少有良好的人物進入，自然就會帶來兇惡的相意。

以這種前門來說，應該移到吉相方位的東、東南或是南北。如果不能做到，只好改變前門的方向。

如果在西南方位的話，可以根據前門的方向，使門面朝向西或西北，這一點是很容易做到的。必須特別注意的是，勿使前門的出入口在西南方位的四隅線上面即可。

前門在東北方亦屬於凶相。其改善方法與上述相同，如果是北方位的住宅，必須使門朝向東方、東南或者西北的方位。

如果是東北方位的前門，門面可朝向東、東南或者是南的方位。位於北或東北的前門，其出入口絕對不能通過正中線以及鬼門線。

　　除此以外，在一家之主十二支方位的前門也是凶相。就算在吉相的東方設置前門，如果這一家的主人為卯年生人，也會變成凶相。關於這一點必須特別注意。

　　辰年生人，以及巳年生人，以東南方位的前門為凶相。午年生人，則以南方位的前門為凶相。此時要改變前門的朝向，以減少凶意。

　　一般的原則是，前門的出入口，不能通過其方位中心的正中線、鬼門線、四隅線。關於這一點，無論是哪一個方位的前門都應該注意。

◑門向與地墊配合

　　門向與地墊配合得宜旺上加旺：住家門前放置一塊地墊，在風水上也會產生一定的影響，其影響來自於地墊顏色的不同，八個門口朝向應配合的地墊顏色如下：

(1) 門口朝向東方、東北方——配合黑色地墊。

(2) 門口朝向南方、東南方——配合綠色地墊。

(3) 門口朝向西方、西南方——配合黃色地墊。

(4) 門口朝向北方、西北方——配合乳白色地墊。

❷將家中的大門變成一個助旺你的納氣位

(1) 催旺大門口

　　想求職成功，首先要調整好家居的大門口。因為大門是每天出入必經的地方，在風水學上稱為「納氣之所」，乃招財聚氣的地方，家宅內的人有沒有運行都要靠它，因此若能夠催旺大門口，每次出入時就能夠帶動大門口的吉氣，好運自然跟著你，到時你便可以心想事成。

　　要將家中大門變成一個助旺你的納氣位，可先從顏色著手，但什麼顏色才能助旺你呢，你要先計算自己屬什麼命格。方法很簡單，只要按以下提供的方程式，便能算出來。不過，男性和女性的計法各有分別。

　　先天命數計算法：

　　男性：（100減出生年份最後的兩位數），然後除以9，得出的餘數便是先天命數。

　　舉例：郭先生生於1980年

　　（100－80）÷9＝2餘2，2便是陳先生的先天命數。

　　女性：（出生年份的最後兩位數減4），然後除以9，得出的餘數便是先天命數。

　　舉例：孫小姐生於1980年

　　（80－4）÷9＝8餘4，4便是王小姐的先天命數。

⑵ **大門顏色要旺自己**

　　大門什麼顏色最旺自己，可參考以下的顏色配對表（若嫌漆門工程太大，可在門口鋪張配合自己命數的地氈，也可收到一定的效果）。

命數	命　格	生旺顏色
1	水命人	金、銀或白
2，5，8	土命人	紅、橙或紫
3，4	木命人	灰或藍
6，7	金命人	黃、咖啡色或米色
9	火命人	綠或青

❷門的選購

(1) 防盜鐵門選購法

① 看材質：合格的防盜鐵門一定是用厚鐵皮板材做的，劣質防盜門用的都是薄鐵皮。凡用硬物敲擊發出叮叮叮脆聲的是厚鐵皮板材，凡發出殼殼悶聲的是薄鐵皮板材。另外，合格的防盜門在底層塗著防銹漆，而劣質防盜門只是在表面刷了一層油漆。檢驗時只要在防盜門的底端用硬物劃一下，即可看出內部是否有紅色防銹漆。

② 看安裝：合格的防盜鐵門在安裝時，門框及鐵門的四角都呈45度拼角，這樣會增加鐵門的牢固度。劣質防盜鐵門加工簡單，門框及鐵門的介面都是垂直角。

③ 看門鎖：如果鐵板尺寸足夠大，並封到門邊，看不見鎖舌，門外無法撬動，則表明門鎖安全；反之，則說明門鎖裝得不合格。

④ 看電焊：電焊應嚴密可靠，尤其是固定門框及門鉸鏈的螺帽，是否加封電焊，凡加封電焊的比較堅牢。

⑤ 看鐵管間距：鐵管間距應在10公分以內，如鐵管間距過大，就起不到防盜作用。

(2) 房門選購法

① 適合家庭的門要美觀大方，結實耐用，防潮防水，保溫隔

音。

② 選購木門，最好選用標準尺寸，以求統一美觀，同時還要
認真檢查木門的幾何尺寸是否標準，含水率是否符合本地
區氣候條件，表面是否光滑平整。

③ 門的設計要與室內傢俱的風格統一。如中式的傢俱，應設
計一些中式的木格門；西式的傢俱，門上可運用一些西式
的線條處理。

●鞋櫃宜忌

鞋子是我們每個人的必需品，每個人最少會有一至兩雙鞋子做替換之用，因此，在每個人的家裏，必會有一個以儲存鞋子的鞋櫃。那麼我們放置鞋櫃的位置也要注意，因為若放置的位置不宜的話，是會影響整個家宅的運程的。

一般家庭大都會將鞋櫃放於入門口的不遠處，以方便替換和存藏。但鞋櫃切忌安放於大門的左方（以站在屋中而面向大門來計算），因為大門的左方是青龍位的所在。若鞋櫃是放在左方，就應儘快把它移往右方為宜。

以下是要注意的事項：

(1) 鞋櫃不能直沖大門入口。鞋不可放在大門入口之前或後方，這會容易令宅內的人生病或久病不癒。最佳的處理方法是將所有的鞋放進鞋櫃內。

(2) 鞋櫃通常都會放在大門入口之左或右兩旁，那方是最佳方向呢？這就是要視大門的推動方向而定。若大門是由左至右開啟時，那鞋櫃就適宜放左邊。若大門是由右至左開啟的，那鞋櫃就適宜放在右邊。

(3) 鞋櫃不能密不透風，必須要適當地透氣。

(4) 鞋櫃的門不能面對宅外。

(5) 鞋櫃內必須定時清潔及注意衛生。

(6) 骯髒的鞋不要馬上放進鞋櫃內，要先清潔後才可以放進櫃

內。

　　其實，處理鞋子與處理衣服一樣，相反地，還要更加重視，因鞋子會帶來不良之氣入宅，若未能妥善處理，這會使宅內增添不良之氣，破壞整體家居之風水。

8 窗

　　屋子的窗戶在家中扮演著不可或缺的角色。空氣與陽光是人類賴以生存的要素，若長期呼吸不新鮮的空氣，或處於光線不足的環境中，則容易生病或精神不濟，所以屋子一定要裝設窗子，而窗戶的設計並非越大越好，必須以屋內空氣的對流為重點，也就是說窗戶要對開，例如：南與北相對或東與西相對的位置各開一個窗戶，如此屋內空氣才會流通，居住者也才能健康無礙。

⏣窗戶的設計

　　窗戶的設計可決定氣的流通。窗戶最好能完全打開——向外開或向內開，不宜向上或向下斜開。向外開的窗戶最佳，它可加強居住者的契合事業機會，因為可使大量的氣進入室內，且開窗時可使室內濁氣外流。反之，向內開的窗戶，對氣和事業都不好。當窗戶打開時，最好沒有任何阻礙物妨害氣的流通。

　　此外，還要注意的是，要避免在同一方向有三個或以上的門或窗。住宅空氣流通無論對家居環境還是人的健康都有好處，因此，有些人就會認為住宅門窗越多越好，其實這是不正確的，因為門窗太多會產生太強的氣流，這樣反而會對人身的氣不利，影響人的健康，並會有損其財運，同時，太強的氣流會把住宅切成兩半，導致家庭不和，因此，要避免在同一方向有三個或以上的門或窗。

❷窗的方向

住家中向東開窗大吉，東方陽氣充沛，風水上稱為紫氣東來。

向北的窗不利住宅中人的健康，因為北方在風水五行上屬於陰水，向北開窗使陰煞易入；而向南的窗，若見屋角、枯樹、尖石、天線等東西，對住宅中人也不利，容易患上眼疾。

客廳的大窗和臥室的大窗，若對著不吉利的事物，都會對這家人的健康及財富造成影響，導致問題出現。

住宅的窗，是除門以外，可以與外界接觸的途徑，因此非常重要。一般來說，住宅的大窗向東南會比較涼，冬暖夏涼，是比較好的，但是，從風水學的觀點來看，首先要看清楚大窗外的遠近景物，如果景物是不祥沖煞，就算大窗向東南也是不妥的。

如果住宅大窗的視野被隔鄰房屋擋住，住在屋內的人無法從大窗將視野開闊，這格局是非常不妥的。在風水學上言，這叫做「卦氣不到」，換言之，即「生氣」和「財氣」也不到，對住在這屋子內的人，當然是不利的。

此外，大窗正對長而且直的馬路，也是不吉的。因為馬路上必然有汽車往來行駛，如果那些汽車朝著你的大窗駛過，這就是「沖心水」，這種「沖心水」是凶煞之一，對人的健康有很壞的影響；相反，如果那些汽車是向大窗對面的直路駛去，這又會造成「扯水」之局，經常被「扯水」的住宅，當然難以聚財。故

此，大窗正對長而直的馬路，無論方向如何，都是不妥。

大窗最好是正對彎曲的馬路，這就是最難得到的所謂「九曲水」，有了「九曲水」之助，後人也會長保富貴及顯要地位的。

⏣窗戶方位不好怎樣改造

　　人們都說「鬼門方位不宜設置窗戶」。不過，天窗、地窗、壁窗並不算在內。如果從天花板到地面有落地門窗，若位於東北或西南的鬼門線上，將易發生被偷竊的凶相。

　　在一大片民房當中，唯有一家時常被樑上君子光顧，那麼這一家窗戶大都設置在鬼門線上。鬼門線上有開口部位的話，應該把它封堵起來。

　　如果是後門、廚房的門，最好又是最安全的方法是把它拆除，再砌一道牆，另開門窗為好。

　　東北方位的落地門窗比較少，但是，西南的鬼門方位卻可以經常見到，在鬼門線上的落地門窗部分，應該把它改成牆壁，如果實在難辦到的話，也應該把門上的玻璃固定。然後在玻璃外側種植矮木，如此就更為安全。

　　在鬼門線上的門窗，也可以用木板窗套遮蓋起來，不過，看起來極不美觀，室內也會變得黑暗，還是不怎麼理想。如此，只有將玻璃窗固定的方法可行。

　　在住宅風水方面，有一種錯誤的觀念，那就是認為開口部都是屬於凶邪的位置。事實上並非如此。對於大的住宅來說，鬼門線上最好不要有開口部，但是以25坪以下的住宅來說，為了加強空氣的流通和採光，根本就不必把鬼門線堵起來。這種情形，不妨把開口部改成壁窗，如果感到不安全的話，可以改成高窗，以

便使「氣」流旺盛。這裏所謂的開口部只限於廚房口、前門、落地窗戶等。

◑窗和窗簾裝修的要領

(1) 鋁門窗安裝品質建議

① 安裝好的鋁門窗應該關閉嚴密，間隙均勻；開啟靈活，運用自如。

② 推拉門窗，看上下滑道是否安裝平整，注意不能有凹凸現象，輕輕推動門窗，應滑動自如。

③ 陽台鋁窗的立框和橫框一定要牢固地固定在陽台護欄和陽臺頂部，一般用射釘或拉鉚釘固定在混凝土內，固定時應用塗漆的角鋼加固。不能固定在磚牆上，也不能用木楔上下頂緊立框代替射釘槍固定。上下滑道和頂部護欄的間隙，應全部用水泥沙漿填滿，以防雨水灌入室內。

(2) 木門窗安裝品質建議

① 門窗結構要結實、平整，無翹曲現象。

② 門窗框及厚度大於50毫米的門窗扇，應採取雙榫連接。框、扇拼裝時，榫槽應嚴密嵌合，應用膠料膠結，並用膠楔加緊。門窗框與牆體間應填塞飽滿。

③ 木框裁口要順直、創面要平整。開關要靈活，無倒翹現象。

④ 門窗小五金安裝位置適宜，槽邊整齊，小五金種類齊全，用木螺絲擰緊，不得用釘子代替。門窗披水、蓋口條、壓

縫條、密封條的安裝尺寸一致，與門窗結合牢固。

⑤ 門窗施塗油漆或塗料應表面光潔、平整，無刷痕，色澤一致，無漏塗、沙粒、斑污和流墜等缺陷。

(3) 普通窗簾選購法

① 充分發揮窗簾的功能。如用於書房的最好輕薄，使光線柔和又不昏暗；用於臥室的最好厚實一點兒，減弱室內光線，造成一個相對封閉的寧靜舒適空間。冬天，多層窗簾形成的空氣層，能有效地阻止室內暖空氣和臨窗冷空氣的對流，對提高室溫有明顯效果；盛夏，採用半懸式窗簾、竹簾或珠簾，能獲得良好的通風效果。

② 考慮窗簾的顏色。客廳宜選深色窗簾，臥室宜選色淡幽雅的窗簾。窗簾的顏色要比牆面深一些，如淡黃色的牆配飾淺棕色，淡藍色牆面選擇茶色等等。

③ 選擇窗簾的質料。多數家庭只掛一層窗簾，故不宜太厚，要有一定的透光性；但也不能過薄，以晚上開燈後從戶外看不清室內的活動為宜。

(4) 窗簾懸掛法

① 上部固定法：將上部固定在窗框上，從中部撩起掛在兩旁，具有古樸典雅的裝飾效果。

② 平行拉開法：將窗簾懸掛在窗簾橫桿上，可以平行拉開，

具有使用靈活、不影響採光的優點。

③ 垂直升降法：這種類型常用於竹簾、塑膠百葉簾或百葉金屬簾，具有多角度採光、遮光的特點。

⑸ 窗簾箱安裝品質建議

① 窗簾箱面板高度一般為140毫米；盒內淨寬：安裝雙軌時應為180毫米，安裝單軌時應為140毫米。

② 雙扇窗窗簾箱長度，應按窗洞寬度向兩邊延伸，每邊延伸長度不大於180毫米。

③ 窗簾箱外觀必須光潔，接縫緊密。安裝後緊靠牆面，無縫隙，平直，下緣應水準，全長的高度偏差不得大於2毫米。

④ 窗簾箱施塗塗料或油漆，表面應光潔、平整、無刷痕，色澤一致，無漏塗、沙粒、斑污和流墜等缺陷。

●窗戶的裝飾美化

　　窗戶是居室裝飾至關重要的部分。每當您進入一個房間，第一眼便會看到視窗。視窗，帶來陽光，帶來清新的空氣，也是您身居室中與大自然交流的一個通道。視窗多數與視線相平，是室內最明亮、最易引人注目的所在。

　　怎樣使窗戶與室內佈置協調，讓您的視窗更美呢？

　　窗內，也就是室內，可以任由主人佈置，窗外的景物卻很難由住家來改造。景物如果值得一看，窗門敞開，不需要特別研究，只要設計窗簾的樣式、質地和色調配合就可以了。這種窗可以稱為「風景窗」。

　　如果您的窗戶對著窄巷爛牆之類，大殺風景，這時可以這樣辦：用疏落的窗簾，把「景物」隔開，讓陽光和風繼續透進。竹簾、塑膠百葉窗都頗合用。如果覺得市面出售的竹簾太密，可以適當抽疏，很容易改製。女孩子喜歡玩的玻璃珠串，用來編

成一張帶有彩色圖案的垂網，不但能起疏簾的作用，還使室內增輝。最簡便的做法是把珠子按一定規律逐條串起，成排懸垂在一條橫桿上。

　　窗台上放置一些花木、盆景，青翠可觀。人的視線就會停留在這些近景上，窗外殺風景的東西便模糊了。而陽光與空氣則照樣暢通。進一步，還可設計一些精緻的托架，使花木分為幾層擺放。例如，窗戶的上部掛一盆吊蘭，中間用厚玻璃托起淺盆花草，窗台放置盆景或其他小擺設。室外射入的光線，這時會起「逆光」的效果，別有一種情趣。

9 庭院的風水

◑前庭風水

風水學認為，前院為「財」（如人之口）。

庭院應清潔，不重豪華美觀（不要太亮，令人浮躁）。

庭院應有適量的花木。

庭院花木不可太多太雜（心情煩躁、諸事不順），陰氣濕重（影響鼻子）。

庭院排水應暢通。

庭院地面不應有青苔濕氣（宜光照）。

庭院正中央不要有大石頭（腹中暗疾，瘤或癌，小孩變壞）。

庭院少放廢棄穢物（家中不平安）。

庭院少放亂石或沙石。

庭院少放木頭屑物。庭院勿放石磨或石臼之物（影響身體、事業、家運）。

庭院右方不可安裝馬達或振動機器（例洗衣機會影響呼吸困難、心臟病）。

庭院右方不可建衛浴間、倉庫（謂之虎拳，小孩不聽話）。

庭院右方不可放石磨。

庭院右方不可有水池。

庭院右方不可有巨石、水缸。

庭院右方不可有假山造景（不要有水，或多種花草）。

庭院右方不可開大門。

庭院右方不可有木柴灶（灶為虎口，灶口又向內，女人易流產）。

庭院右方不可有高電線（門上方45度角用小鏡子貼紅紙反射）。

庭院大門外面不可有電（主傷眼睛及高血壓）。

庭院大門外面右方不可過高於正前方。

庭院大門外面前方不可沖牆角（主血光之災。可在牆角點上圓形小紅點）。

庭院大門外面不可沖大古樹（陰氣過盛）。

庭院大門外面不可正對衛浴間。

庭院大門外面不可正對他人廚房之排油煙機風口（傷腦、多病）。

庭院大門外面不可正對他人或自己之化糞池。

庭院大門外面右方不可有大樹。

庭院大門外面不可正沖他人牆角。

庭院大門外面不可正沖他人屋柱。

庭院大門外面不可沖他人之樓梯口。

庭院內不可種植有刺的花或仙人掌（生皮膚怪病，玫瑰花除

外）。

庭院內不可堆放爛鐵、鐵鋼及破碎傢俱、廢木料等。

庭院內不要養雞鴨類（患支氣管炎），環境衛生不好，家中不平安。

☯後院風水

住家後院應時時保持清潔，子女才會聰明。

住家後院青龍方不可放化糞池，衛浴間無妨。

住家後院不要堆著石器、石臼、石磨、亂絲、磚塊。

住家後院正中央不要做水塔或水櫃蓄水池。

住家後院正中央不可安置熱水爐。

住家後院花果不要種太多，陰濕氣重。

住家後院不可種大樹，光線陰暗主不平安。

住家後院不可種有刺的花草木。

住家後院養六畜時應隨時保持乾淨，家中才平安。

住家後院應做圍牆高五尺六寸為佳（不要低於此），守財氣。

住家後院圍牆不可太高。

住家後院不可高出屋內一尺以上，財不聚。

住家後院不可低於屋內一尺以上。

住家後院出水口不可從正中央出去。

住家後院花架石板、水泥板應橫放，不要直放。

住家後院應空氣能對流，家內較溫暖和諧。

◑美化庭院的方法

居住在平房的家庭有自己的庭院，美化庭院是居家美化的重要組成部分。在庭院中可種綠樹鮮花，也可掘小潭蓄清水，進行立體或平面的美化，不僅可減少空氣污染和雜訊危害，還能增添生活樂趣。

較為寬闊些的庭院中，可建一小型花壇，壇內栽種一些奇花異草。在牆壁下，可設置長條式花壇，種植一些枝蔓長的藤綠植物，如爬山虎、紫藤、牽牛花等。壇外側則可種植美人蕉、雞冠花、串紅、金銀花、八月菊和薔薇、石竹、雛菊或金魚草，形成前低後高或中高邊矮，富有立體美的屏障。如果條件允許，在庭院中設置一些小型假山和水池，周圍配置獨立的花壇，栽種些杜鵑花、報春花、牡丹、迎春和月季花等，能形成一幅山水兼備、百花爭豔、滿園芳香的立體畫。

在大一些的庭院的不同方位，適當栽種些桃、杏、李、梨、蘋果或葡萄等果樹，以及百日紅、桂花等觀花類樹木，更是幽雅別緻。

對於庭院較小的家庭而言，如想常年觀賞鮮花綠草，讓庭院四季香豔，可在窗外或牆隅下栽種一叢蠟梅或貼梗海棠，早春就能觀賞到花黃似金或花紅如霞的花朵。春時可在靠近建築物的牆下種植些攀緣植物，如爬山虎、常春藤或絲瓜、梅豆等。這樣既能在夏季使牆壁免受日照、降低室溫，又能使整個宅院和屋宇顯

示出獨特的自然景色。另外，如果能在院中栽種些月季、夜丁香、含笑、米蘭、金橘花等盆花，不僅能欣賞到濃密的枝葉、絢麗的鮮花，而且四季花香襲人，給人帶來美和歡樂。

10 居室內的光線和燈

☯臥室的光線

　　臥室是人休息的地方，對於光線亦有特別的要求。臥室的光線，無論從美術觀點和衛生角度而言，柔和養眼的燈光，都是符合要求的。若臥室的光線太強，容易使人脾氣暴躁；相反，若光線太暗，則容易使人產生憂鬱的情緒。

　　而在風水學上言，安裝電燈也有禁忌。比如吊燈，就不宜安在床頭正上，更不宜在床的中央部分。因為，頭頂上如有一盞吊燈，人睡在床上時，光線必然射到眼睛，除非戴上黑眼罩，否則一定不能睡個好覺。而且，由於經常受燈光照射，對肝臟會有極壞的影響。

　　另外，現時有些雙人床，其設計大都嵌上一盞床頭燈，這個問題不大，但光線必須柔和。如果是床頭櫃上獨立小電燈的話，則應當配以燈罩，而燈罩的顏色最好與牆色及戶主五行配合，這樣不單能令戶

主睡得安寧，身體也必然健康。有所謂健康就是無價的財富，一個神采奕奕的人，自然財運亨通了。

　　此外，家中如有任何電燈壞了，就必須立即修理或更換電燈泡，因為，壞燈是非常不吉利的，因此，若遇有壞燈，就不要怕麻煩，應立即處理為宜。

❷讓燈光催旺風水

　　新屋剛剛搬遷時要把全屋的燈亮著，因為燈能發光、發熱，五行屬「火」，因此，當需要用到「火」來化解或催旺風水時，燈正可以達到預期效果。而且，由於西南及東北都屬「土」，因此可用屬「火」的燈來生旺財氣，若在此方位增設壁燈，只要每逢入門口就隨即亮著此方位的壁燈，便有效使屋宅風生水起。

燈具選購法

現代家庭中的燈具，不僅具有照明的功能，同時還具有美化居室、烘托氣氛、點綴環境的作用。因此在選購燈具時，應該瞭解燈具的藝術特點，並結合考慮房間的結構、大小、功能、色彩、需求等因素，使之能與房間整體效果和諧統一，充分發揮燈具的照明和藝術功效。

(1) 不同居室選擇不同的燈。吊燈給人熱烈奔放、富麗堂皇的感受，適用於客廳。壁燈柔和含蓄、溫馨浪漫，適用於臥室，可與床或梳粧檯組成一體。吸頂燈高雅溫和，適用於臥室。落地燈形成多彩多姿，主要作為工藝品欣賞，可放在臥室床頭，一般多用於客廳，在沙發旁邊。檯燈幽深寧靜，有神秘感，是書房的必備燈具，也是書桌上不可缺少的點綴之物。

　　另外，根據需要可以自己動手用照明光線來裝飾您的房間。比如，將日光燈管安放於牆的一側，用擋板遮住散光，讓光線順著牆壁照射，能創造一種神秘、幽靜的氣氛。在裝飾櫃內裝上一支小日光燈管，藉以欣賞您佈置的藝術陳列品；在屋內裝上一盞深藍色燈具，看電視時，可以減輕眼睛的疲勞。

(2) 臥室燈飾：臥室的燈光不必太明亮強烈，只要舒適、靜雅、富有情調即可，配上紅、綠、黃不同色彩，讓臥室形成幾個不同照射區。此外，臥室裏還可選用一些壁燈，裝在床頭，

燈頭可全方位轉動，便於閱讀。

⑶ 廚房燈飾：廚房因水汽大，塵、油較多，所以應採用外形簡潔、容易清洗的燈具，一般以吸頂燈為宜。

⑷ 衛浴間燈飾：衛浴間可選用防水性能好的吸頂燈或壁燈。

⑸ 燈具與傢俱色彩協調法：燈具和傢俱的色調應力求和諧協調，給人舒適感。大紅大紫燈具配深色傢俱有熱烈華麗之感；米黃、淡黃燈具配深色傢俱顯得典雅大方；果綠、淺藍燈具配淺色傢俱給人以幽雅文靜的美感。

⑹ 日光燈管功率選用法：應根據住房面積來選擇燈管的大小，一般來說，4坪左右的房間可選用30～40瓦的燈管，3坪左右的房間可選用20瓦的燈管。

❷室內燈光的裝飾方法

　　許多熱衷於室內裝飾的人，對色彩的搭配、傢俱的陳設，以及其他裝飾的細節佈置，可以說是煞費苦心。然而，他們往往把室內裝飾中一項重要的裝飾——燈光忘記了。要知道，不科學的燈光裝飾會使室內的裝飾美受損，而科學地、合理地使用燈光裝飾，能給室內增添生氣、快樂和溫暖。下面談一談室內燈光的裝飾方法。

　　懸吊式掛燈適合裝在餐桌的上方，但要注意其高度以不照射用餐者的眼睛為原則。

　　屋牆聚光燈最適合用來照射牆上掛的畫。需要較強光線的工作區，亦可裝置這種燈光。

　　購買有燈罩的燈具要注意，燈罩越透明，燈光則越彌散。另外，燈罩的色彩對燈光的色彩也有影響。

　　角燈是另一種形式的聚光燈，普遍用於閱讀和寫字區域。如使用右手的人，光線應從左肩上方照過來；使用左手的人，光線則從右肩上方照過來。這樣能起到保護視力的作用。

11 養魚如何得風水

⊙金魚缸的形狀和高低

金魚缸的形狀是根據擺放的位置而定的。從風水學的角度，原則上圓形的魚缸最適宜，但由於房屋結構等因素影響，圓形的反而不多見了。魚缸的形狀依擺放的地方不同而有不同的款式。

正方形或長方形——擺放在邊處；

三角形——擺放在角處；

圓形——擺放在中央或門口處；

六角形——此種形狀因煞氣大，不宜擺放；

半圓形——擺放在邊處。

至於魚缸的高低也要注意，從風水學的尺度來計算，最高只能與心臟位置平衡，最低只能與膝頭部位平衡。過高及過低對運程的影響如下：

過高——魚缸內的水位高於屋主心臟位置，主屋主易得心臟病和思路不清，財運不佳。

過低——魚缸內的水位低於屋主膝頭位置，主宅主易得腳氣之疾，且缺乏風水靈氣的推動，運程也不吉。

◑金魚容器選用法

(1) 庭院養金魚，可選用陶盆，內植水浮萍、槐葉蓮、慈姑等水
生植物，陶盆口上加蓋鐵絲網。陶盆內壁顏色最好是淺色
的，不要有花紋。

(2) 室內養金魚常用的是玻璃器皿：一種是圓形缸，宜養5～7釐
米長的小金魚，側面看金魚有放大作用。一種是長方形缸，
容積大，可養8釐米以上的大金魚。一種是掛壁魚缸，呈三角
形，向外一面配上鏡框，猶如一幅活動的畫。

◑金魚容器美化法

　　金魚容器再加裝飾，就能收到錦上添花的效果。可將細粒沙子洗淨鋪於水族箱底部，放置些卵石、假山石，還可裝飾些工藝品，如小橋、寶塔、亭臺樓閣，缸中種些水草，如金魚藻、苦草、黑藻、毛茛、丁香蓼，其中以毛茛、黑藻為佳。所有飾物必須光滑、圓潤、柔軟，飾物的安排應力求高低疏密有致，美觀大方，金魚在色彩、大小、體態等方面要與環境相協調。

❷ 安放魚缸

家裏擺設一缸健康充滿活力的魚，不只能帶給我們生氣、精神爽利，對家運、財運也有好的作用。財位必須維持明亮、乾淨、安靜。因此魚缸周圍必須保持乾淨，不要在魚缸旁堆積雜物。安放魚缸的位置，有幾點禁忌是要留意的：

(1) 魚缸不應放在神像之下，特別是福、祿、壽三星像，否則容易破財。

(2) 魚缸不應正對廚房爐灶，假如廚房門、爐灶、魚缸成一直線，則更為不妙。這等於廚房內水喉和爐灶相對一樣，犯了水火相沖的大忌，對於宅內各人的健康極為不利。

(3) 魚缸的位置不適合放置在接近電器用品，如電視機上方、音響旁邊；不適合放置在日光可直射的場所；不適合放置在傾斜或不穩固的場所：如不堅固的架子。

④ 魚缸的位置不適合放置在床頭。

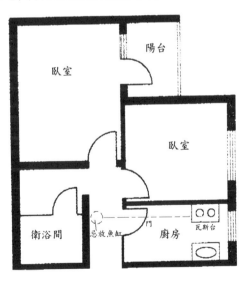

廚房門、爐灶、
魚缸成一直線，更為不妙

若是將魚缸放置於電器旁，水氣易使電器損壞，電磁波、聲響也會造成魚兒煩躁。陽光直射的水槽，會容易滋生藻類，造成水質惡化，急遽上升的水溫，引起魚兒及水草的死亡。魚缸在不穩定的架子上，除了不安全外，也有財運不穩固的現象。將魚缸放在床頭，則犯風水學之「淋頭水」。「淋頭水」的意思是：水從上而下沖頭部。在地理上，瀑布是「淋頭水」；而住房中，如果牆壁高處滲水或魚缸擺放位置高於頭部也是「淋頭水」。若長期受「淋頭水」的影響，會容易生病、腦力衰退等影響。如果我們在客廳座椅旁放置魚缸，而魚缸的最高水位比坐在旁邊人高，就會有這種現象。

需要提醒的是，「淋頭水」要成為煞氣，必須是頭部很接近魚缸，即坐在旁邊的人才會犯「淋頭水」。一般魚缸都會放於櫃子上或桌上，因此最高水位大都高於1米，比坐在沙發上的人還高，因此建議沙發位置應離開魚缸1公尺以上，以避開「淋頭水」。

❷養魚的數目和顏色

　　至於養魚的數目和顏色也要講究的。通常數目以四、七、九數為最合。四和九是先天的金數，七是後天的總金數。顏色方面，多數取紅、白、黑為吉色。比如，六紅一黑，紅作金，黑作水。一六合成先天水數，是很富有吉祥意義的。

☯金魚品質鑑定法

(1) 看魚眼：水泡金魚，要求水泡大而柔軟，半透明，左右對稱不歪斜；龍睛金魚，要求眼球突出眼眶，左右對稱呈算盤珠形；朝天金魚，要求眼球向上反轉90度，左右對稱。

(2) 看魚背：蛋種金魚，要求背部光滑，無脊；文種金魚，要求背鰭高大、挺直；龍睛金魚，要求背鰭挺直。

(3) 看魚尾：蛋種金魚，要求尾部短而平展，薄而柔軟；文種金魚，要求尾鰭平展；龍睛金魚，要求尾鰭寬薄。此外，金魚尾鰭的長度應超過金魚的身體。

(4) 看體形：好的金魚形態端正，肥胖適當，無傷無病。文種金魚，要求形體短巧；五花金魚，要求顏色鮮豔，五彩繽紛，花斑清晰、均勻地布於全身。

(5) 看魚鱗：鱗片應整齊勻稱，清晰可辨，無脫落。

(6) 看色彩：單色金魚色彩要純而無瑕，雙色要色塊相同，五花魚則要以藍色為底，五色齊全，還要儘量選擇「脫色」早的金魚，黑則烏黑，紅則火紅。

(7) 看游姿：起落穩重又平直，無俯仰奔竄的金魚為上品；反應遲鈍，體色發暗，身上有點狀或塊狀白膜的為病魚。

12 栽花種樹利化風水

⦿ 不同植物的含義

在風水學的應用中，不同的植物亦被賦予其不同的含義。

橘：這是在春節時最喜歡擺放在家中的盆栽，這是由於橘與吉祥的「吉」諧音，故被認為含有吉祥的意思。

梅花：中國人很喜歡梅。梅在冬春之交開花，「獨天下而春」，有「報春花」之稱。由於人們認為其五片花瓣是五個吉祥神，梅花五瓣，象徵五福：快樂、幸福、長壽、順利、和平。於是便有了「梅開五福」圖；又合中國的陰陽「五行」金木水火土。壽聯常有「梅開五福，竹報三多」（竹葉三片），寓意吉祥。庭栽、盆景皆有觀賞價值。

吉祥草：也叫瑞草，一看其名，就知是含有吉祥意思的植物，而且吉祥草小巧，終年青翠，無論在泥中或是水中均容易生長，象徵著「吉祥如意」；

槐樹：被認為代表「祿」，這是起源於古代朝廷種三槐九棘，公卿大夫坐於其下，面對三槐者為三公，後來世人便於庭院植槐。

靈芝：自古已被視為祥兆，吉祥圖常見鹿口或鶴嘴銜靈芝，用作祝壽禮品。

　　椿樹：被民間譽為「樹王」，長壽之木，屬吉祥。《莊子·逍遙遊》云：「上古有大椿者，以八千歲為春，八千歲為秋。」可見椿之壽考。《本草綱目》曰：「椿樗易長而多壽考。」人們常以「椿年」、「椿令」祝長壽。因椿樹長壽，習慣常喻父親。

　　蓮花：蓮為睡蓮科水生宿根植物，別名很多：荷花、水芙蓉、芙蓉、水華、水芸、水旦，藕可食用，可藥用，蓮子可清心、解暑，藕能補中益氣。

　　蓮花在中國有深邃的文化淵藪。唐代將佛教立為國教後，蓮花備受人們敬愛。佛祖釋迦牟尼的家鄉盛產荷花，因此佛教常以蓮花自喻。在中國，蓮花被推崇為君子。蓮諧音「廉」（潔）、「連」（生），民俗有「一品清廉」、「連生貴子」等諧音取意。

　　牡丹：牡丹是中國產的名花，屬毛茛科灌木。有「花王」、「富貴花」之稱。在《本草綱目》中謂有：「群花品中，牡丹第一，芍藥第二，故世謂牡丹為花王。」牡丹既然是國色天香的富貴之花，歷代名人雅士常以此命為書齋、園圃。牡丹有美色和美譽，寓意吉祥，因此在造園中，常用以與壽石組合為「長命富貴」，與長春花組合為「富貴長春」的景觀。

　　月季：月季屬薔薇科直立灌木。是由15種薔薇屬植物反覆雜交而成的。花期特長，又名月月紅。因月季四季常開而民俗視為祥瑞，有「四季平安」的意蘊。月季與天竹組合有「四季常春」的意蘊。

葫蘆：葫蘆為藤本植物。藤蔓綿延，結實累累，子粒繁多，中國人視作象徵子孫繁盛的吉祥植物。枝「蔓」與「萬」諧音，寓意萬代綿長。民俗傳統認為葫蘆吉祥而避邪氣。端午節習俗，民間門上插桃枝掛葫蘆。民語有「不知葫蘆裏賣的什麼藥」，意即難以穿透葫蘆測視內中物品。從風水場氣分析，乃葫蘆的曲線外形狀含「Ｓ」形的太極陰陽分界線的神奇功能。因此常在風水化煞中應用。

棗：木硬，可製器具，可為木刻雕版。果可食用，可「補中益氣，久服神仙」。棗樹生果極早，幼樹可結果。北方民諺有：「桃三杏四梨五年，棗樹當年即出錢。」言其結果之速。棗諧音「早」，民俗常有棗與栗子（或荔枝）合組圖案，諧音「早立子」。婚禮中，有將棗與桂圓合組禮品，諧音「早生貴子」，新婚「撒帳」用棗、栗子、花生等以圖吉利。

　　栗：栗子可食用，可入藥，陽性。古時用栗木作神主（死人靈牌），稱宗廟神主為「栗主」。古人用以表示婦人之誠摯。栗子與「立子」諧音，是求子的吉祥物。棗、栗子、花生、石榴等，常有用在新婚桌上或帳中或新婦懷中，以求吉利的習俗文化。

　　桃：在民俗、宗教、審美觀念中，都有其重要文脈。桃花紅、白、粉紅、深紅、爛漫芳菲，嬌媚出眾。中國人常以桃花喻美女嬌容，與女人有關的事也都常帶「桃」字。如桃花妝、桃花運、桃色新聞，等等。

　　古人多用桃木製作避邪用品。如：桃印、桃符、桃劍、桃人等。自從五代後蜀時開始在桃木板上書寫春聯以後，春節時至今仍流傳著春聯習俗，只是改為紅紙材料。端午節，門上插桃枝，亦是桃可避邪氣的習俗觀念。此外，桃果有「仙桃」、「壽桃」之美稱。桃樹花美，果鮮，在習俗心理上可趨吉避煞，又少病害而易植，故為庭園綠地宅居所常植。

　　松：松是古今被詠贊的植物。《花鏡》云：「松為百木之長，……多節永年，皮粗如龍麟，葉細如馬鬃，遇霜雪而不凋，歷千年而不殞。」宋代王安石在《字說》說：「松為百木之長，猶公也。故字從公。」有人拆字「松」為十八公，元代馮子振寫有《十八公賦》，明代洪璐著有《木公傳》等等。史載秦始皇巡遊泰山，風雨驟至，在大松下避雨，後來封此樹為「五大夫」，後人稱此樹為「五大夫松」。《幼學故事瓊林》云：「竹稱君

子，松號大夫」，語亦由此來。松耐寒耐旱，陰處枯石縫中可生，冬夏常青，凌霜不凋，可傲霜雪。松能長壽不老，民俗祝壽詞常有「福如東海長流水，壽比南山不老松」。在書畫中常有「歲寒三友」（松、竹、梅），以示吉祥。在書畫、器具、裝飾中常有「松柏同春」、「松菊延年」、「仙壺集慶」（松枝、水仙、梅花、靈芝等集束瓶中）。松是被廣泛視為吉祥的樹種。

竹：按現代植物分類學，竹屬禾本植物。中國古人卻對竹有特殊評論，加入人文觀點。在晉戴凱的《竹譜》上說：竹「不柔不剛，非草非木」。歷代對竹的詩詞歌賦，佳頌迭出。竹與民生關係密切，竹材可資用於建屋、製筆、造紙、傢俱、雕繪。文人墨客將竹視為賢人君子。國畫中，常將松、竹、梅稱為「歲寒三友」。而「五清圖」是松、竹、梅、月、水，「五瑞圖」是松、竹、萱、蘭、壽石，常現於畫家筆端。

竹種浩繁，類別上百。許多竹，都已寓有文化意蘊。如：斑竹（湘妃竹）、慈竹（亦稱孝竹、子母竹）、羅漢竹、金銀玉竹、天竹（天竺、南大竹）等。如將天竹加南瓜、長春花合成圖案，諧音取意可構成「天地長春」、「天長地久」的寓意。竹又諧音「祝」，有美好祝福的習俗意蘊。

合歡：合歡屬落葉喬木，羽狀對偶複葉，夜間雙雙閉合，夜合晨舒，象徵夫妻恩愛和諧，婚姻美滿。故稱「合歡」樹。漢代開始，合歡二字深入中國婚姻文化中。有合歡殿、合歡被、合歡帽、合歡結、合歡宴、合歡杯。因多「種之庭階」，適於宅旁庭

院栽植。

柏：有貞德者，故字從白。白，西方正色也。在民俗觀念中，柏的諧音「百」是極數，極言其多其全，諸事以百蓋其全部：百事、百鳥、百川等。故吉祥圖案常見有：柏與「如意」圖物合為「百事如意」，柏與橘子合成「百事大吉」（橘、吉音近）。《西湖遊覽志》有云：「杭州習俗，元旦簽柏枝、柿餅以大橘承之，謂百事大吉。取柏、柿、大橘與百事大吉同音故也。」

桂：桂多生於中國南方，有丹桂、金桂、銀桂、月桂、緬桂、柳葉桂等多種。其中，丹桂、金桂、銀桂以花色紅、黃、白而得名。桂鄉在八月（農曆）開花。故又將八月稱為「桂月」。桂花香氣襲人，可作茶飲，可用藥餌。習俗將桂視為祥瑞植物。歷來將科舉高中稱為「月中折桂」、「折月桂」。舊稱子孫仕途昌達，尊榮顯貴為「蘭桂齊芳」。

桂音諧「貴」，有榮華富貴之意。有的習俗，新婦戴桂花，香且「貴」。桂與蓮子合圖，為「連生貴子」；桂與壽桃合圖為「貴壽無極」等。桂有吉祥寓意，源自諧音。

梧桐：梧桐是桐樹之一種。桐有油桐、泡桐、紫花桐、白花桐、梧桐等。桐之用途很多，陳翥在《桐譜》中說：「桐之材，採伐不時而不蛀蟲，漬濕所加而不腐敗，風吹日曬而不折裂，雨濺污泥而不枯蘚，乾濕相兼而其質不變，楠雖壽而其永不敵，與夫上所貴者舊矣。」油桐可榨油，泡桐最遮蔭，梧桐宜製琴。

梧桐被視為「靈樹」，具有應驗時事之能。宋代鄒博的《見聞錄》說：「梧桐百鳥不敢棲，止避鳳凰也。」中國的龍、鳳，在神話傳說中，鳳是神鳥。能引來鳳凰的梧桐，自然是神異的植物。祥瑞的梧桐常在圖案中與喜鵲合構，諧音「同喜」，也是寓意吉祥。

　　石榴：石榴又名安石榴。在習俗文化中，認為「石榴百子」，是「多子多福」的象徵。實際上，石榴花果紅似火，果又可解渴止醉，有美觀和實用價值，而廣為民居庭院宅房栽植。

☯樹木與風水

住宅的西北方最好有棵大樹，西北為乾，樹有木精，可以保護住宅主人。但並不是所有的樹都屬於好風水，古人總結的論樹歌訣如下：

(1) 樹木彎抱，清閒享福。

(2) 門前桃杏，貪花酗酒，

(3) 門對垂楊，被髥懸樑。

(4) 獨樹當門，寡母孤孫。

(5) 桃株向門，蔭庇後昆。

(6) 門對林中，災病多凶。

(7) 門前雙樹，畜傷人愈。

(8) 獨樹平禿，二姓不睦。

(9) 大樹古怪，氣痛名敗。

(10) 高樹般齊，早步雲梯。

(11) 樹下腫根，聾盲病昏。

(12) 竹木回環，家足衣綠。

(13) 大樹枕帝，必多驚惶。

(14) 左樹右無，吉少凶多。

(15) 右樹紅花，嬌媚傾家。

(16) 右樹重抱，財祿長保。

(17) 樹屈駝背，丁財俱退。

⒅ 枯樹當門，火災死人。

⒆ 樹枝藤纏，懸樑翻船。

⒇ 屋頂枯樹，必出寡婦。

(21) 大樹壓門，無女少男。

(22) 果樹披左，雜病痰火。

(23) 樹頭向外，必招徒罪。

(24) 樹頭垂水，必招人溺。

(25) 兩樹夾屋，定喪骨肉。

(26) 樹似伏牛，孀居病多。

(27) 蕉樹常前，寡婦堪憐。

(28) 門前有槐，榮貴豐財。

(29) 前有死樹，失財倒路。

☯常見的三種風水林

　　江山美如畫，處處綠蔥蔥，無疑是風水好的一種體現。建房造屋要講究環境美，造墳築墓也要講究環境美。環境不好，要著手設計和創造。從科學美的角度來看，注意「山清水碧，綠樹成蔭」，確實算得上是好風水。植樹造林不僅能防止水土流失，阻擋冷風侵襲，而且還會給人帶來舒服的心境，用美學家的話說，綠色植物「能喚起人們對自然爽快的聯想」。故而，植樹造林是人類的義務和責任，從風水的角度出發，根據某種需要營造的森林稱為「風水林」，由於風水學提倡「天人合一」的環境觀，所以，這種「風水林」實際就是人類和大自然共同創造的一種特殊建築。

　　風水林按其分佈特點，可分為擋風林、龍座林、下墊林三種。這三種風水林，實際是好風水最大原則「山環水抱必有氣」的一種具體體現：擋風林所起的作用是左右砂環，龍座林所起的作用是背有靠山，下墊林所起的作用是前有朝山（案山）。

⑴擋風林

　　擋風林又叫擋煞林，大自然的神秘表現在方方面面，古人稱之為「煞氣」的東西就是其中之一。據說，這種「煞氣」來無影去無蹤，防不勝防，它能在不知不覺中置人於死地。假如非要將「煞氣」與現代科學概念聯繫在一起，那麼我們可以機械地將

「煞氣」視為一種對人體有害的「磁力線」（磁場）、「射線」（離子或粒子流）等。由於樹木對這些物質有阻擋或減弱的作用，所以森林有擋煞的作用。

擋風林，一般種植在盆地的水口之處。山間盆地，在小河或小溪流出或流入的水口方位，就有一個缺口，如果這個缺口在西北方，正是寒冷的冬季風侵入的大門，如果這裏不種上風水林，「煞氣」便會乘虛而入，必將導致好「風水」跑掉，引起破財或損丁（死人）。同理，若水口在東南，夏季風由這個通道向裏面勁吹，風帶著雨（有時是強度很大的暴雨）造成一次次災害（山崩、洪水、倒房、傷人等），所以在這個水口也同樣需要種上風水林。

(2) 龍座林

如果說，擋風林是從水平方向上顯示了它的重要性，那麼，龍座林卻在垂直方向上表現了它的威力。一座房子建在山坡上，如果後山沒有樹林。自然被暴雨沖刷得很厲害，四周的風力也很大，有礙於房屋主人一家大小的身心健康；夏天陽光直照，沒有樹林遮蔭，難以調節小氣候。於是，風水先生認為要植「龍座林」。龍座林好像金鑾殿上有個靠背的龍椅，這樣三面環抱的環境自然是幽美的。風水先生的用意很好，名字也很有吸引力，把居家比喻為「龍座」，希望有天子出世，但是卻給本來科學的東西蒙上了一層神秘的面紗。

⑶ **下墊林**

　　建築在河邊、湖畔的房子（或墳墓），雖然後山有「龍座林」，如果沒有下墊林，會顯得失去莊重，頭重腳輕。在山頭流水的沖刷之下，還有滑坡、崩塌的危險。風水先生把它取名「下墊林」，名字雖然不雅，但在這個部位植樹確也重要。不過，樹冠不能太高，不能擋住視野。就像案山不能高過背靠的主山一樣，下墊林過高也會有礙風水。

　　應該說，風水林遠不止以上三種，如果把範圍擴大一點，在墳墓周圍種植的樹林也應算為風水林，還有種植的結婚林、添丁林、新房林，也都可以稱為風水林。

☯植物招財

　　使用植物招財，方法也是非常簡單，只要找出家中的財位所在，把其清潔乾淨，然後再放一盆有生氣的植物就可以達到招財的效應，但是，其中也有些需要注意的地方。

　　首先是選擇植物方面，千萬不可選擇攀爬類的植物，因為它有招是非疾病之害，而常綠植物是最好的選擇，而且，葉的形狀也是以圓大而綠色為最佳，取其圓滿豐大和常綠的意思，例如萬年青就是這一類的植物，而葉呈尖、細或長形則不要選用。

◉在屋子裏擺設盆栽的宜忌

在屋子裏擺設盆栽，滿屋青綠，十分養眼，的確可以美化家居，同時亦能予人朝氣蓬勃的感覺。但是，凡事皆要適可而止，正所謂物極必反，必須要看屋內面積而論。

從風水學的角度言，盆栽不但不能太多，而且也必須要配合屋主的五行需要，這才可以收到趨吉避凶的效果。例如：在夏天出生的火命人，屋內最理想是擺設魚缸、噴水池之類，擺盆栽就不大適宜了。至於五行缺木的人，就可以擺盆栽，但亦不該擺得太多。而且所擺設的盆栽也要經過選擇，最佳的是大葉的萬年青或者是鐵樹，至於時下流行的乾燥花、乾樹枝，則是不太適宜作為家居擺設之用的。

擺放的盆景植物一定要健康美觀，不可出現枯萎的狀況。木行屬陽，是五行中唯一具有生命的東西，可以生長、繁殖。切忌使用乾燥花，它會吸收陰氣，在風水上是不好的。

正東方位是代表健康的方位，住宅或房間要注意這個方位的風水佈局，才能常保家人，尤其是家長的健康。由於正東方屬木，所以催化這個方位最好的方法，就是在此擺放健康的綠色植物。植物的大小要和房間成比例，而且不可用尖葉的植物。

屋內的盆栽，以常綠植物為宜，如萬年青、九重葛等。忌擺設易枯難照顧的植物，否則不但無利反而有害。

多數人知道，養些萬年青、鐵樹、招財草、富貴竹等厚葉、

大葉的綠色植物來「生旺」、「招財」，養些仙人掌、有刺的玫瑰、龍骨等達到化煞的作用。

　　宅中不可有攀藤類植物，尤最忌是種植在天花頂上。這會使疾病久而不癒。

❸家庭盆景設置法和注意事項

(1) 設置盆景，要因地制宜。寬敞的客廳、門廳、門口宜陳設大型樹樁或水石盆景；一般居室宜放中小型盆景；欄杆、高臺應置曲幹或懸崖式盆景；書桌、書櫃可裝飾微型盆景。

(2) 盆景擺設位置要考慮其種類和造型。山清水碧的山石盆景，適宜擺放在與視線相平或略低的位置上，以突出山峰之峻峭；而姿態別緻的樹樁盆景，若放在比水準視線略高的地方，則會更顯古樁之蒼勁。

(3) 盆景背襯處不要掛放畫幅、窗簾、彩色壁紙等物件，以免視覺互擾，影響觀賞效果。

(4) 室內盆景花卉擺設忌多。大多數家庭喜歡在居室內擺設盆景花卉，但不可過多。有的人在書架、茶几、花架、餐櫃、音箱，甚至電視機上都放置了盆景和時花，還有窗前吊的、壁上掛的，令人眼花繚亂、目不暇接自不必說，同時還給人一種壓抑感。其實，「室雅何須大，花香不在多」。

在一般的居室中，擺設兩至三盆便夠了。這樣才顯得大方清雅，不呈俗氣。

(5) 室內盆景花卉擺設忌單調。室內盆景花卉擺設的佈局，集中和分散放置均可。但切忌盆缽一色大小，或擺放位置呈一水平線，不然會顯得單調、呆板，令人看了索然無味。

(6) 忌擺設剛施過肥的盆花。室內擺設盆花的目的，在於創造賞心悅目、清新幽雅的意境。擺設剛施過肥的盆花，使得室內充滿異味，影響空氣清新，失去了欣賞的意義。為了使室內經常擺有花卉，可精心栽培十盆八盆盆花珍品，注意輪換施肥，輪換擺設，這樣居室既可常年綠化、幽雅清新，又可充滿新意。

☯養花要注意哪些有毒害的品種

在居室內養花，既可以美化環境，又可以陶冶人們的性情，解除疲勞，愉悅生活。但是現代科學研究表明，有些美麗的花對人體是有害的，不適宜在室內養植。例如：

玉丁香：花色純白，氣味芳香，是家庭常養的盆花之一。但是它的花香對人體的神經系統有明顯的刺激作用，長時間接觸，可引起過敏性或刺激性氣喘、咳嗽、煩悶不適等不良感覺。有的還可引起神經衰弱、失眠、記憶力減退等病。因此這種花不宜放在臥室內。

含羞草：外觀楚楚動人，逗人喜愛。但它的桿株內含有一種叫做含羞城的毒素，過多接觸會使人毛髮脫落。

鬱金香：花兒美，婀娜多姿。但是有人做過實驗，人們在大片花叢中玩上兩個小時左右，就會發生頭昏頭疼等症狀，可以導致血壓升高，心跳加快，有的出現類似感冒的現象。出現中毒的原因是花內含有一種毒城。

另外，像蘭花、百合等，觀賞或接觸過多，會使人產生噁心、眩暈或精神委靡、乏

力、氣喘；洋鄉球、五色梅等能使某些人產生過敏反應；松柏類植物在高溫下發出的濃郁松香，會使人感到鬱悶不適，並影響人的食慾；還有像一品紅、花葉萬年青等花卉，倘若不慎被人誤食，可使人不死即殘。

所以，人們在愛花、賞花之際，不能不對一些有毒副作用的花卉有所警惕，以免給自身的健康帶來危害。

13 怎樣在居家中養狗才興旺

　　近年來流行飼養寵物，寵物之中，最受歡迎的是貓和狗了。有些住宅飼養的狗卻很容易生病，無論是怎麼強壯的狗，只要在這種住宅內飼養，很快便瘦弱了。但有些住宅卻無論飼養什麼狗，它們都很健康，現在便從風水的角度來研究。

　　狗在十二地支屬於「戌」，而地支與狗相合的有「寅」及「午」，其次還有「卯」。

　　「戌」於方位在乾方，即西北方。

　　「寅」於方位在艮方，即東北方。

　　「午」於方位在離方，即正南方。

　　「卯」於方位在震方，即正東方。

　　以上四個方位便是與狗相合的。如果住宅大門開在這四個方位，飼養的狗都會比較強壯。

　　那麼，什麼住宅不適宜飼養狗呢？

　　在十二地支之中，「辰」與狗相沖。

　　「辰」的方位在巽方，即東南方。

　　若果住宅大宅開東南門，這門與狗相沖，所飼養的狗會比較多病。另外有一個「丑」位，丑與狗相刑。

　　「丑」的方位在艮方，即東北方。

　　若大門開在東北方，亦不適宜養狗，因為狗容易沾染毛病。

如果住宅的大門不是開在適宜養狗的四個方位而又必須養狗，可以將狗屋安放在對狗有利的四個吉方上。

另外，狗屋是不宜用金屬製造的，因為狗在十二地支之中，五行屬土，金屬製的屋屬金，金會泄土，若以這等屋供狗休息，它們的健康會每況愈下。

公司和辦公室的風水

☯公司選擇辦公地點的宜忌

　　風水陽宅的選址原則，主要考慮的是房屋與環境的關係，通過對好環境的選擇，使人得到一個適合生存的空間。經商對店鋪房址的選擇，除了要考慮人與環境的關係外，還要考慮店鋪的生意環境。

　　選擇經商的店址，位置的好壞，對經營的好壞，有很大的影響。因此，店鋪位置的選擇，對經商者來說是十分重要的。在選擇公司位址的時候，可參考如下建議。

(1) 取繁華避偏僻

　　在市鎮上，人流穿往密集的地方就是繁華的地段。

　　按照風水的說法，有人就有生氣。人愈多生氣就愈盛，乘生氣就能帶來生意的興隆。

　　從經濟學的角度說，市鎮上的繁華地段，就是商品交易最活躍最頻繁的地方，人們聚集而來，很大程度上就是為了選購商品。

　　將店鋪選擇在市鎮繁華的地段開業，就可以將自己的商品主動迎向顧客，商品能招引顧客，就能達到促銷的作用，將生意做得好。

　　相反，如若將店鋪開設在偏僻的街段，就等於迴避顧客。商店開張經營，而顧客很少光顧，就會使商店冷冷清清。按照風水

的說法，人表代生氣，沒有人光顧商店，商店就缺少生氣。生氣少，就是陰氣生，商店的生意不景氣和蕭條，就是陰氣過盛。一個商店的陰氣過盛，不僅是生意虧本，嚴重的還可能會損傷店主的元氣，致使商店破產。

(2) 取開闊避狹窄

風水在選擇宅址時，講求屋前開闊，以接納八方生氣，這正與經商講究廣納四方來客相契合。

按照這一原則，選擇店鋪的位址時，也要考慮店鋪正前方的開闊，要求不能有任何遮擋物，比如圍牆、電線桿、看板和過大遮眼的樹木等等。

講求商店門前的開闊，可以使商店面向四方，不僅使商店的視野廣闊，也使處在較遠的顧客和行人都可看到店面，這樣利於將商店經營的商品資訊傳播四方、傳給顧客、傳給行人。風水把這種資訊的傳遞叫做氣的流動，有了氣的流動，就會生機勃勃。從經商的角度說，顧客和行人接收到了店鋪的商品資訊，就可能前來選購。

(3) 取南向避東北

風水在選擇陽宅的基址時，力求坐北朝南，其目的是為了避免夏季的暴曬和冬季的寒風。經商位址的選擇，也同樣需要考慮避日曬和寒風。那麼最好的也還是坐北朝南。

作為經商性質使用的店鋪，在進行經營活動時需要把門全部打開。如果店門是朝東西開，那麼在夏季，陽光就會從早晨到傍晚，通過店門照射到店內。夏季的陽光是火辣辣的，風水將此視為煞氣。這一股煞氣對商店的經營活動是不利的。

如果是迫不得已，商店非要選在朝東西方和面北方的地址不可，就要採取措施來制止住夏冬兩季帶來的煞氣。在夏季，可在店前撐遮陽傘、掛遮陽簾、搭遮陽篷等，以避免烈日的直接照曬。在冬季，則需要給商店掛保暖門簾，在店內安裝暖氣，使店內的溫度回升，造就一個適合人們進行正常經營商品活動的環境。

(4) 宜地表清爽

風水選址要求所選擇的用地要清爽。從現代建築學的角度來看，選擇房址時，要察看土地的表面是否清爽，主要是為了在居住時，能保證地面的乾燥和易於排水。選擇用於建房的地表不好，或低窪，或怪石嶙峋，或雜草叢生，或散發臭氣等，都會在房屋建成後，或者房屋出現返潮，或者不易排水，或者原先不良的地表，使人在居住時心理感到不適。如果真要選擇使用這樣的位址，要填高土和徹底排污，在房屋建成後，最好能利用地磚、木地板等建築材料進行地面裝修，以達到地表清爽的要求。

⑸ 避免處於T字形和Y字形路口

風水認為，住宅選在T字形和Y字形路口，會使房屋處在來自大道煞氣的衝擊之下，這種衝擊會干擾屋內的人，會使人驚恐煩躁，因而帶凶患。

風水選址的這一原則，道理在於考慮到了公路大道上的人聲、車聲、喇叭聲等噪音對建築物的干擾。工作、生活在這樣一種受雜訊嚴重干擾的房屋裏的人們，日常起居不時受著強大噪音的刺激，腦神經就會變得十分脆弱，使工作學習精神不集中，睡眠效果不好。

因此，作為辦公的樓房，最好不選在此地。

但是大多數城鎮繁華的地段，往往都是集中在T字形和Y字形的路口處，如若不在此開店，又避開了有利於發財的生氣。為此，有風水師研究了有一種「制煞」的方法。

一是要求在開設於T字形或Y字形路口的店鋪前，加建一個布製的圍屏，或者圍障，或者將店鋪門的入口改由側進，以擋住和避開迎大路而來的風塵。

二是在店前栽種樹木和花草，以增加店前的生氣和消除塵埃。

三是注意多在門前灑水消塵，以確保店前空氣的清新；還要勤於店前巷子的清掃和店面門窗的擦洗，以清除沉積的塵土。

(6) 避免死巷子

風水認為，死胡同是氣流通的盡頭，到了氣的盡頭，就缺乏生氣。缺乏生氣，隨之而來的就是死氣滋生，死氣生就為凶。因此，風水主張住所不能選在死巷子。

從現今的文化觀點來看，居於死巷子，首先是出入不便，資訊不靈通；其次就是人跡罕至，顧客找你辦事不方便。

❷酒店飯店如何佈置和裝飾得風水

⑴ 店面招牌

　　店面招牌的處理是非常有講究的。招牌的大小、顏色、質料、甚至字樣，和店主的生辰、店面的風水格局，以及店面周圍的環境都有著密不可分的關係。因此，在製作店面招牌的時候，不可隨隨便便，掉以輕心。

⑵ 衛浴間

　　衛浴間在風水上要求壓在凶方，這在處理上是相對比較簡單的，但如果是多層的飯店，就要注意，切不可讓樓上的衛浴間壓在樓下的收銀臺上，或壓在辦公室、廚房等之上，不然會產生許多不良後果。

⑶ 爐灶的放置

　　爐灶是飯店的關鍵，而爐灶的放置又是風水中的關鍵，依照傳統「家相學」的說法，爐灶放置的基本法則是：坐凶向吉。也就是說，爐灶應放在凶方，而爐灶的開關應朝向吉方，這幾乎是爐灶放置的唯一法則。

⑷ 財位

　　按照當今流行的風水學，一般是採用飛星法飛出每年的當旺

財位，然後在風水上進行處理，但飛星法的最大麻煩就是每年每月，甚至每天的財位都不相同，這就給用戶帶來很多不便，顯得無所適從。依照「八宅派」法則，可相對簡單地定出財位，位置就在進門對角線所指的角落，一般說來，財位宜亮不宜暗，在財位上放置一棵常綠植物可起到催財的作用，但不能放置仙人球、仙人掌一類帶刺的植物。

(5)「鬼門」

　　無論是住宅或是飯店，任何建築物內都有一條不吉的區域，在傳統的「家相學」中，稱之為「鬼門線」，具體指的是從西南到東北貫穿整個建築或房間的一條十五度的區域，這條區域與其說是不吉，不如說大凶來得更加貼切。在這個區域內絕不可設置大門，不然則成了實實在在的「鬼門」了，屬於大凶之宅。如果飯店的大門正好位於「鬼門」，改良的方法有三：

① 最好廢棄此宅不用，以免日後的麻煩（如生意不好、虧本等）。

② 如果條件允許，可將位於「鬼門線」的大門封閉，另覓吉位開門。

③ 如果實在沒有辦法，可在門口放置一對石獅，在進門處鋪設克制凶煞的特殊顏色的地毯（具體顏色要根據店主的生辰以及店面的具體情況而定，可參看「八宅派選宅法則」頁面），另外還有其他的一些化煞方法，但這都屬於病後

投醫，總不如廢宅不用來得徹底。

(6) 放置財神

民間流傳的財神雖然很多，但大致可分為文財神和武財神兩種。

趙公明屬武財神，他又名趙玄,是一位威風凜凜的猛將。趙公明這位武財神，民間相傳他非但能夠降妖伏魔，而且又可招財利市，所以北方很多商戶均喜歡把它供奉在店鋪中。而南方的商戶大多供奉武關公。威風凜凜的武財神應面向大門，這樣一方面既可招財進屋；同時又可鎮守門戶，不讓外邪入侵。

(7) 調整漏財的大門

有些飯店有兩個層面，而且有許多兩層或多層的飯店，樓梯往往會對著店門，這是典型的漏財相，解決的方法有兩種：

① 在店門和樓梯口之間放置屏風，屏風的質料、顏色以及屏風上的圖案就要根據店主的生辰和店門的朝向而定。

② 放置關公像鎮宅，關公像屬於武財神，所以一定要面向大門放置，這樣一方面可抑制門外的煞氣沖克，另一方面可以克制財氣的外泄。

❷將公司的外觀造型設計得有特色

商店外觀造型的特色，最好是能圍繞商店所經營的主要商品，或者是針對商品的行銷特色去展開設計和構想，主要原則是要使顧客從商店的外觀，就能體會到或者猜測到商店經營的範圍，使之在商品的行銷活動中，達到宣傳商店和招攬顧客的作用。

在追求商店外觀造型的特色時，不意味著將這個外觀設計成奇形怪狀的商店外觀造型，否則將會弄巧成拙，惹來路人的非議。

良好的建築造型，就在於挖掘人們對造型結構的審美意識。這種審美意識，對中國人來說，就是講究結構的左右對稱、前後高低均等、弧圈流暢、方正圈圓等等。因此，在設計商店外觀的特殊造型時，要注意造型結構的和諧性。就是說，要考慮商店外觀的獨特造型是否符合人們對建築結構的審美觀念。具體來說，大致要看處於左右兩側的部分是否對稱，前後的高低是否相宜，建築物四周留出的空間是否均等，該成圓形的圓了沒有，該成方形的方了沒有，該成角形的成了角沒有等。總的原則，就是在人們觀看商店的外觀造型時，感到舒服順眼，取得良好的視覺效應，即要取得人們對商店外觀獨特造型美的認可。

對於不和諧建築外觀造型的店鋪，風水稱之為「凶宅」，認為會帶來人災天禍。公司也要注意，以免因建築外觀造型的不和

諧而失掉顧客。

在設計公司外觀的造型時，除了考慮建築本身結構比例的和諧性之外，還要注意使公司的外觀造型與所處區域的自然景緻相和諧。

風水認為，宇宙大地上的萬物都蘊藏著氣，優美的山川景緻表明生氣盎然。在考慮商店的外觀造型與所處區域自然景緻的關係時，更有意識地將商店的外觀造型與優美的自然景緻和諧地融為一體。

觀察一個公司的外觀造型是否與所處區域內的自然景緻相和諧，最簡便的一個方法，就是在早晚的時候，用視覺從不同的角度，來觀察公司的外觀是否美好。特別是在有朝霞和晚霞的時候，看一看映襯在霞光之中的公司外觀造型，是否美麗動人，是否有詩的韻味，是否與自然景緻融成了一幅優美的畫卷，如能達到這樣的效果，就是公司的外觀造型與區域的景緻達到了最佳的和諧狀態，優美的公司與優美的景緻相融合，是商家所看重的天時地利。精明的生意人能借用天地之利，來達到財源茂盛的目的。

◑住宅（或公司）與命的搭配

　　風水典籍《八宅明鏡》主張宅命要相配之原則，它的意思是說，每個人由於生年之不同，其命卦亦有所不同。而每棟房子，由於坐向的不同，其宅卦也不同，命卦與宅卦剛好吻合時便是吉，反之，不吻合者為不吉。八卦把方位分成震、巽、坎、離、乾、兌、艮、坤八個方位。其中震、巽、坎、離四個方位被列為東四卦，另外的乾、兌、艮、坤四個方位則列為西四卦。方位則以震代表東方、巽代表東南方、坎代表北方、離代表南方。乾代表西北、兌代表西方、艮代表東北、坤代表西南。

　　宅卦則以坐正東向正西之住宅（建築物如大樓、公司也一樣）叫做震宅，坐東南向西北者稱之巽宅，坐正北向正南者稱為坎宅，坐正南向正北者稱為離宅，坐西北向東南者稱為乾宅，坐正西向正東者稱為兌宅，坐東北向西南者稱為艮宅，坐西南向東北者稱為坤宅。

　　以上之宅卦中，震宅、巽宅、坎宅、離宅屬於東四宅，而乾宅、兌宅、艮宅及坤宅四種坐向之住宅屬於西四宅。

　　凡是東四命之人住於（或開公司於）東四宅，或西四命之人住於（或開公司於）西四宅者便是吉配，亦即宅命相配。反之，東四命之人住於（或開公司於）西四宅，或西四命之人住於（或開公司於）東西宅者，主不吉，稱之命宅不配。

　　判斷一個人屬於什麼命，請參閱本書前面「四吉星、四凶星

和風水中的方位」一節。

　　如果獨資創業，自然是以自己之生年查命卦即可。如果是合夥之公司行號，則應以公司負責人為主（如董事長），但若公司最高負責人只是掛名而已，沒有實際參與營運活動時，則以實際參與活動之經營群中之最高負責人為主（如總經理）。在對照命卦與宅卦是否配合時，下列幾點應注意：

(1) 建築物的大門（正門）的方向稱之為向，它的相反方向稱之為坐。風水學是以坐為基礎，比如坐西向東的兌宅，是指正門開在東方，打開門就面對著朝陽。

(2) 測量位置方向時，羅盤（或指北針亦可）應放在整棟建築物的中央，羅盤指標靜止時，指標箭頭部分所指的方向是正北方，先知道正北之位置後，即可知其他各方向之角度。初學者可以先繪室內配置圖，把正門、廚房、客廳等位置依比例正確繪好圖之後，核對羅盤指標所示方向，即可知正門是位於整棟房子的東方或東北或北方……，亦可查知負責人所坐位置、廚房位置等。

(3) 把圖及位置都標定好位置之後，即可取命卦圖核對，看看是否符合負責人本人之命卦。

(4) 公司、工廠的大門、事務所、廁所、廚房和重要設備的安裝位置為考慮的重點；辦公室（事務所）中，正門、廁所、廚房、負責人位置、接待室或辦公室應為考慮的重點。

(5) 就公司、工廠而言，大門、事務所必須在整棟房子之吉方。

而廚房、廁所及垃圾場應設置於凶方；就辦公室或事務所而言，正門、負責人位置、接待室及重要主管之位置應安置於吉方，而廚房、廁所應安置於凶方。

(6) 如果正門開於北方、負責人位置在南方、接待室在東方、廚房在西北、廁所在西方時，如果命卦是震、巽、坎、離東四命之人均為吉利之配置。反之，負責人之命是乾、兌、艮、坤西四命者為不吉之配置。

(7) 如果是辦公大樓，由於很多公司一起在該大樓內營業辦公，此時大樓本身的坐向，或大樓的正門位置位於整樓樓板的吉方（用自己命卦看即可）；其次看自己辦公室的正門位置、負責人位置、廁所、廚房、接待室等位置是否恰當。

❷公司辦公室的風水宜忌

(1) 企業負責人的位置宜設於內側安靜之處，不可設於正門旁邊，而且負責人之後面或周圍，不宜有大型電器；負責人座位正上方不宜安裝日光燈或吊扇。

(2) 辦公室的形狀宜正方形或長方形，不宜凹凹凸凸，或有缺角。

(3) 負責人辦公室或座位旁邊，及財務人員的辦公室或座位旁邊不可設置水龍頭，據說這樣不僅會有色情，更會漏財。

(4) 辦公室中若有隔間的話，宜避開牆角，否則內部不和，互相排斥。

(5) 財務人員的位置宜在靜處，不宜有太多人走動，而業務人員的位置則宜設在動處或正門附近。

(6) 門市部的騎樓是進財之處，必須保持暢通，不可堆積物品而遮斷財源。

(7) 辦公室設在高架道路的轉彎處或斜坡處均非好地點，業務不易發展。

(8) 店門口忌有大樹或電線桿。更忌橋來沖門。

(9) 廁所之門不可與正門對沖。

(10) 所謂財不露白，因此，金庫、金櫃或收銀機不可對大門，宜放置於隱蔽之處。而且財務人員的位置不可設於門口附近，否則有如過路財神，財難留。

(11) 負責人或重要主管的座位後面宜靠牆壁，後面不宜有人走動，不宜背窗而坐。

(12) 商店或辦公室的門前必須保持清潔，若有堆積或污水，不僅生意難以興旺，且有破敗之處。

(13) 辦公室或營業場所的前半部比後半部高者，業務日益衰退，前低後高者興隆。

(14) 不論辦公室也好，店鋪也好，財方或旺方位置可安放盆景或魚缸，有助於氣氛的活潑，緩解壓力，助益於事業，但盆景不可有枯葉，否則會影響生意與運氣。

❷個人辦公室的風水宜忌

(1) 背後有靠，升官有靠

安置辦公桌的首要原則為後方要有靠。如果後方是走道，辦公會比較不安穩，心神不寧。後方可是牆壁，或配置桌子、矮櫃都可以。

(2) 前面開闊，前途無量

辦公桌前方正面要開闊，不可逼牆。如果是面對牆壁，前途也會像被牆阻擋一般，運氣無法展開。

(3) 正側無走道，升遷無阻礙

辦公桌的正、側面不可為走道，有如路沖般沖來。就像在室外的路沖一樣，這樣的室內路沖也會有不好的影響。

(4) 正面不對柱，做事不出錯

座位的正面有柱子，就好像受到當頭棒喝，必然在事業上出大錯，平常也容易有頭痛的毛病。

(5) 距門太近

座位安置在門邊，辦公效率較差，辦公室內，職位越高要離大門越遠。

職員也相同，依照職位高低，作一個相當的配置。

⑹ 沖門、沖路，宜置屏風、矮櫃

辦公桌沖到門或路，影響身體健康，容易有意外災害。對工作及升遷都有很大的阻礙。

⑺ 頂上壓樑

辦公桌若剛好在樑下則要特別注意。容易心神不寧，頭昏出差錯。若壓頭頂要將桌位往前挪，避過即可。

⑻ 座位逢切角

座位不可被不對稱的走道及座位切到。如果坐在這個地方辦公，會比較不順利。同事之間的關係，會發生摩擦與誤會。

⑼ 辦公桌的理想方位

室內擺設辦公桌最理想的方案是：辦公桌之後是踏踏實實的牆，左邊是窗，透過窗是一幅美的自然風景，這就形成了一個景色優美、採光良好、通風適宜的工作環境。在這樣的環境裏工作，絕對才思敏捷、工作熱情大、效率高。門開在辦公桌前方右角上，也不易受門外噪音的干擾和他人的窺視。如果辦公室的門開在左上角，辦公桌也可以相應調整一下位置，效果一樣好，不受所謂屬相吉向之說的影響。

⑽ **辦公桌佈置**

① 東西放左邊，高薪好入眠。你可能不知道，右首的方向可是依個人的龍位所在，要是把龐雜的東西都擋在右邊，當然不容易拿到錢！

② 風扇吹吹，薪水肥肥。氣通人心爽，桌子上擺個小風扇，可以加速座位附近的氣場更加暢通，久而久之，人氣攀升，會很快受到主管的善意回應。

③ 燈光上照，加薪日快到。就是買個可以往座位上方照的迷你型燈座，上班時就開著，柔和上方的高速流動能量，讓你的座位可以因人聚而錢聚！

④ 大葉片片，鈔票翩翩。在座位旁，可以擺上一株小植物，但要記得選葉子大的闊葉綠型植物，這種植物可以幫助你的財運爬升！

⑤ 靜石不動，薪水亦同。有的人喜歡把一些可愛的石頭擺桌上，殊不知石頭可是陰氣很重的東西，把它擺在自己的生財桌不是個聰明的做法！

⑥ 不對銳角，薪水不跑。這點是一般人易於忽略之處，要避免眼睛所及之處有傢俱或牆的銳角，因為銳角看久了，財神不會降臨。

❷公司老闆和主管的辦公室風水宜忌

　　老闆和主管掌管公司的政策，須具有絕佳的決斷力和精準的判斷能力。良好的環境，會影響人的情緒和工作效率，創造最佳決策能力。為了得到相對良好的工作環境，在辦公室的佈置方面，應注意以下問題：

(1) 選擇好老闆辦公室的位置

　　老闆辦公室的位置最重要，是企業成敗的關鍵，原則上，宜在辦公室的後方，猶如軍隊的指揮官在後面掌控指揮調度，比較容易掌控員工，員工也比較敬業。反之，如果將老闆或總經理的位置擺在近門口處，猶如小兵打前陣，產生君勞臣逸的現象。老闆則凡事必躬親，員工們都比較被動，對公司沒有認同感。老闆位置可設在西北位，因西北為「乾」卦之位，乾卦取象主事者也。

　　辦公室的設計配置，一般而言，職位越高者越往後面，猶如銀行業的擺置，前線為櫃檯員、副經理、經理，職位越高座位越往後面。銀行業因為要服務大眾，與民眾親近，所以大都沒有隔間，影響不大。但一般公司企業，則主管應有隔間，才不至於使整個辦公室空蕩蕩不聚氣，人事疏離。而且一眼被望穿，老闆做決策時，沒有隱私性，易犯小人及公司業務機密外洩之虞。

　　進入老闆辦公室的路線應順暢，雖然老闆及主管位置大都在

後面,從大門走到辦公室的動線不可彎彎曲曲,或雜物阻礙,或曲徑幽深、陰暗。財氣不易進入房間,則業務困難重重。

⑵ 老闆辦公室的形狀和面積

　　老闆辦公室形狀方面,「Ｌ」形辦公室易犯桃花及暗盤作業;柱角多的辦公室易產生口角多,不易與員工、客戶協調溝通;圓形辦公室不易聚財。

　　老闆辦公室的面積也不宜太大,氣不易聚,孤寡之相,公務會衰退。萬不可以為辦公室越大越氣派。當然太小也不宜,代表業務拓展不易,格局發展有限。

⑶ 老闆的桌向

　　老闆的辦公室,玻璃不宜太多、太大。會減低隱密性,宜用簾子裝飾。桌子的坐向,應面向窗戶,或看得見員工,最好與員工座位一致,或與房子的坐向一致,如此,方能上下一條心,亦可以俯天下之背。若老闆的坐向與員工的坐向相反,為背道而馳,員工容易陽奉陰違,不易駕馭指揮,甚至員工易另起爐灶。

⑷ 老闆的座椅

　　桌子不宜擺放在辦公室正中央,或座椅距離牆壁太遠。原則上,座椅後面要有靠,但不宜靠太近或太遠。靠太近逼牆,則顯得後無退路。離牆壁太遠時,則座椅後,氣散不聚,同時可讓他

人從背後走過，沒有安全感及穩固感，容易犯小人。座位後面若為窗戶，主獨立自成，少貴人來相助，事倍功半，付出要加倍，賺錢辛苦。改善之法，可以在後面擺盆栽或烏龜飾物、龍頭、玩石、山水圖做靠山。否則依風水學而言，「背後空門，轉眼成空」。老闆的座椅應比其他員工的座椅大，方有主僕之分，不然員工爬到老闆頭上，不易調度。

(5) 主管室的門，不要正對大門

主管需要冷靜安靜，來思考公司的決策，如果正對大門，會被人來人往的氣場沖到，容易分心。

此外，還要注意的是，不要正對老闆或會議室的門。主管室的門，如果正對沖老闆或會議室的門，會造成彼此的不信任，容易彼此有歧見。

(6) 主管室內不能有廁所

辦公室內有廁所，雖然很方便，而即使沒有直接對沖廁所門，隨著時間一久，也容易被廁所的穢氣所影響，造成運勢施展不開，身體也不是很舒暢。

跋

超越風水的束縛，
邁向更開闊的人生

先講兩個故事：

王某幾年來省吃儉用，積存了一筆錢，他想用這筆錢來蓋新房。望著眼前的一大摞人民幣，王某彷彿看到了夢想中的新房子已經立在了眼前。但是建房一定要圖個大吉大利，王某想到這，便盤算著動工以前，無論如何也要請一位風水先生來看看風水。那樣，住進新房以後，才能人財兩旺。

一天，王某花錢請來一位風水先生，讓他選擇新房地基的位置和決定房門的方向，然後再讓他定出蓋房的「黃道吉日」。不知風水先生出自何因，他圈定的建房「黃道吉日」不是天氣晴好的8月、9月，而是陰冷潮濕的12月。王某對風水先生選定的日子感到納悶，因為這不符合人們蓋房的慣例，可又一想，既然是風水先生圈定的吉利日，絕不會有錯的。於是他便按照風水先生定的日子準備蓋房。

「黃道吉日」終於盼到了，王某請人幫他蓋房，誰料到，就在動工的前一天，天上烏雲密佈，下起了毛毛細雨。王某盼著開工那天能夠是天氣晴好的「吉日」，連連禱告。可是到動工那天，天氣更加惡劣，霏霏的小雨，在瑟瑟的東北風勁吹下，一直下個不停。看到天氣這樣惡劣，眾人都勸王某改日再動工，可是王某想，這是風水先生選定的「黃道吉日」，便不顧勸阻，強行在風雨中動工了。惡劣的天氣增加了建房的難度，也影響了房屋的品質，整個建房過程是在連續三天三夜的陰雨中進行著。就在房屋砌好建成的這一天夜裏，風雨變本加厲地席捲而來。等到第

二天早上，王某來到新房前一看，頓時目瞪口呆，只見新房已經變成了殘垣斷壁，門框窗架也被風吹落的磚頭砸得破破爛爛。

到這時候，他才懊悔自己為什麼要聽那風水先生騙人的話，違反常規建房，落得一個房財兩空的下場。

另一個故事是由「避邪」鏡引出的禍端。在一個的偏僻山村，村子裏有徐、劉兩戶人家南北隔街而居。多年來這兩家人一直和睦相處。

一天，這兩戶人家聽別人說，在自己家門上掛上個小鏡子就可以驅邪消災。於是，兩家門上幾乎同時掛上了用於「避邪」的鏡子，這下可好，本來相當和睦的兩家，矛盾一下子尖銳起來，因為兩家人都覺得對方是有意把「邪氣」往自己家這邊趕，使自己晦氣倒楣。這豈能容忍！

終於，兩家因械鬥傷人，被司法機關給予了處罰。

經過這場風波，徐、劉兩家都把自家門前的「避邪鏡」拿了下來。他們各自都在後悔，不該聽信這些迷信的鬼話，掛什麼「避邪鏡」，引發了這場使兩家人都受到損害的災禍。

近幾年來，迷信活動有愈演愈烈之勢，少數迷信者，利用種種形式進行迷信活動，敗壞社會風氣，擾亂社會治安，騙取民眾的錢財，我們必須要警惕。

社會上一些雜七雜八的「江湖風水」花招，對人們的觀念誤導很深。諸如懸掛八卦鏡、門外掛「照妖鏡」、壓埋銅錢、貼符咒、掛風鈴、擺放一些精靈古怪的東西等不一而足。而廣大關注

風水的人們，就這樣被一些根本不是風水的江湖伎倆所矇騙，從而使這門最古老的偉大學術淪為怪力亂神。這實在令人心酸。

其實，源於「葬地」、「卜宅」的風水理論，既是古代先民在長期社會實踐中對生活經驗的總結，也是人們對於複雜現象認識之歷史局限性的記錄。由於極為複雜的社會原因，其中有些神秘性的猜測和斷言一直流傳下來，並在民間又相繼建立起了建築學專業，基本上都是以西方建築教育為主要內容的；風水理論，一向難登大雅之堂，甚至是被一些江湖術士作為騙取錢財的手段。因而，其內容魚龍混雜，其價值鮮為人知。正如許多人一提到《周易》只知道與占卦算命有關，而不瞭解其真正的價值一樣，許多人一談到「風水」，除了認為是一種迷信之外，就再無下文了。這樣，迷信風水者，仍然是盲目信仰；批評「風水」者，也就非常省力了。在這種情況下，如何用科學的態度，科學的精神，科學的方法，對風水理論進行歷史的和具體考察、分析，就成為新的課題。

應當看到，陰宅風水術從總體上看，是一種腐朽的文化現象，是不可相信的。

為什麼說陰宅風水不可相信呢？這是因為：

自古以來，有哪一個風水先生得到過大富大貴呢？郭璞、楊筠松，他們的子孫興旺過嗎？為別人選風水求富貴，自己卻富貴不起來，甚至窮困潦倒，你說這風水還可信嗎？俗語云：「風水先生慣說空，指南指北指西東。若是真有龍鳳地，何不尋來葬乃

翁？」

　　歷朝歷代，絕大多數皇帝都講究陰宅風水，以明清為甚。可是，崇禎皇帝卻吊死在北京煤山，同治皇帝和光緒皇帝斷子絕孫，而那些早夭的皇帝舉不勝舉，怎麼風水不保佑他們呢？難道是他們沒有選好風水嗎？與之相反，劉邦、朱元璋出身貧賤，從不講究風水，卻由布衣當上了皇帝，這與風水有關嗎？

　　還有那些官吏、貴族、士人，相信風水的人何止千千萬萬，有幾個是靠風水發達的？

　　歲月如流，生與死是大自然的規律。人死成灰，無知無覺，死屍怎麼能為活人蔭庇？天下又哪裡能找得到死人為活人造福的例子？

　　西方國家不講風水，仍然有貧富之別，仍然產生了先進的生產力。中國封建社會盛行了幾千年的風水，社會進步了沒有？沒有。偌大的清帝國不堪外國列強一擊，風水是強身劑還是腐蝕劑，不是一目了然嗎？

　　風水是不是一無是處呢？這應當具體分析。由於風水的理論和實踐，吸收了傳統文化中的一些合理因素，風水是各種文化的綜合體，因此，我們可以借鑑風水，為我所用。

　　首先是方法。與中醫理論一樣，風水也講究系統觀念，從日月星辰到地面形勢；從空氣、風、水到土石、植物；從靜止的山脈到運行的氣流；從人到物；從觀音山到宅前一草一木，都要反覆考察，聯繫起來分析。

　　其次是陽宅觀念。風水追求人與環境的和諧，主張保護環境，不亂挖山掘土，不輕易改變池塘湖泊，不隨意砍伐林木。住宅的地點要選在既乾燥又便於取水之處，方向要力求有充足的日照。用水要清潔，臭穢水、泥漿水都不得飲用。

　　應當承認，在陽宅建設中，風水觀念有利於美化環境。

　　另外，環境，尤其是住房，畢竟會影響一個人的心態。

　　一位很會看風水的朋友對一位作家說：「買房子啊！一定要前面開闊，要有陽台，陽台能看得遠，而且門前最好有寬大的空地。客廳更要方正，不能太小。住在這種格局的房子裏，人的格局也會變大，格局大則容易成功。」

　　「房子的格局真能影響人的格局嗎？」作家開玩笑地問：「那麼格局不大的人，住進格局大的房子，也會變大嘍！」

　　那位朋友很嚴肅地說：「當然，你想想，如果站在陽台上，視野好、空氣流通。坐在屋裏，走出門外，又都是一片開闊。心胸寬了，容量大了，當然格局也變大了。相反地，住在局促的地方，東邊撞牆、西邊碰壁，從窗子望出去，沒兩尺，就是人家的抽油煙機。每天關在裏面，心眼小了，心胸窄了，格局又大得起來嗎？」

　　「問題是格局好的房子比較貴，豈不是窮人的格局難大起來，有錢人就容易得多？」作家又不服氣地問。

　　「對呀！孔子不是說嗎？『貧而無怨難，富而無驕易』、『富而無驕』就是一種格局！」

　　對他這似是而非的理論，作家不願苟同，但是，他發覺「格局」對人的成就，實在有了不得的影響。歷史上那些草莽出身的英雄，大概都有比較寬大的格局——這是天賜的寬闊胸懷。

　　當然，寬大的格局，也可能是後天培養的。

　　善於學習，見多識廣、交遊廣闊，會使一個人的格局，變得開闊。

　　但是，許多人雖然平步青雲、事業宏發，卻不見得能改善格局。更可怕的，是隨著事業的發展，應該愈來愈寬的格局，有時候反而會縮小，這不能怪「風水」，而是自己的處世態度、為人原則有問題。

　　記住：格局可以是胸懷、是見識、是信心，是寬廣的抱負。

　　格局是在自信中不否定別人，是一種諒解與包容。格局不是「藏於己」，而是「分予人」。格局是愈得意，愈無私。格局不是「單贏」，而是「雙贏」。

　　人生好像在堆高塔。你想堆得愈高，那底盤就得愈大。你不能把每塊石頭，都往塔尖上放，而要多分一些在塔基。塔尖是你，塔基是你周遭的人。

　　你必須從年輕的時候，就學著去關懷、去諒解、去幫助、去欣賞身邊的每一個人。於是，你不再狹隘，不再偏心，不再小氣。你學會與大家共用、共榮，且因而得到更多人的愛護。如果這樣的話，你就不需要大的陽台、客廳和庭院了，你已經以寬廣的天地作為「格局」。

國家圖書館出版品預行編目資料

好風水不求人：風水的常識與應用／杜大寧編著. -- 初版. -- 新
　北市：菁品文化, 2019. 01
　　面；　　公分. --（通識系列；65）

　　ISBN 978-986-96843-7-8（平裝）

　　1. 相宅　　2. 改運法　　3. 家庭佈置

294.1　　　　　　　　　　　　　　　　　　　　107021853

通識系列 065
好風水不求人：風水的常識與應用

編　　　著　杜大寧
執 行 企 劃　華冠文化
封 面 設 計　上承工作室
設 計 編 排　菩薩蠻電腦科技有限公司
印　　　刷　博客斯彩藝有限公司
出 版 者　菁品文化事業有限公司
　　　　　　地址／23556 新北市中和區中板路 7 之 5 號 5 樓
　　　　　　電話／02-22235029　傳真／02-22234544
郵 政 劃 撥　19957041　戶名：菁品文化事業有限公司
總 經 銷　創智文化有限公司
　　　　　　地址／23674新北市土城區忠承路89號6樓（永寧科技園區）
　　　　　　電話／02-22683489　傳真／02-22696560
網　　　址　博訊書網：http://www.booknews.com.tw
版　　　次　2019年1月初版
定　　　價　新台幣320元　（缺頁或破損的書，請寄回更換）

I S B N　978-986-96843-7-8
版權所有‧翻印必究　　　　　　（Printed in Taiwan）
本書 CVS 通路由美璟文化有限公司提供　02-27239968
原書名：風水的常識與應用